EXPOSÉ RAISONNÉ

DES

PRINCIPES DE LA MUSIQUE,

ACCOMPAGNÉ

DE L'HISTORIQUE DES SIGNES ET DES FAITS.

Les exemplaires voulus ayant été déposés, tout volume non revêtu de ma signature sera réputé contrefaçon.

Gien, Imprimerie de Sirou.

EXPOSÉ RAISONNÉ

DES

PRINCIPES DE LA MUSIQUE,

ACCOMPAGNÉ

DE L'HISTORIQUE DES SIGNES ET DES FAITS,

A L'USAGE DES ÉLÈVES DES ÉCOLES ET COURS DE MUSIQUE;

PAR

Alexandre BERGERRE,

Professeur de Musique, Membre de l'Athénée des Arts de Paris, de l'Académie royale des Sciences et Arts d'Orléans, Auteur de plusieurs Ouvrages théoriques et pratiques sur la Musique, etc.

DEUXIÈME ÉDITION.

Librairie catholique de PÉRISSE frères.

Paris,   Lyon,

Rue du Pot-de-Fer-Saint-Sulpice, 8.   Grande rue Mercière, 33.

1842.

1843

L'ouvrage que j'offre au public est le fruit de l'expérience de vingt années de professorat. Le langage et les exemples fournis à l'appui du raisonnement sont ceux adoptés dans mes cours. Le temps et des succès obtenus, en me démontrant que la route que je m'étais tracée ne m'éloignait pas du but, m'ont déterminé à publier ce Traité des principes. Par sa disposition il peut tout à la fois offrir, un *Rudiment musical*, un *Précis de l'histoire de la musique*, et, dans l'ordre de la table analytique, un *Dictionnaire de musique.*

Le plan, l'enchaînement des signes et des faits entr'eux, la liaison des paragraphes, tous tellement dépendant les uns des autres, qu'il serait difficile d'en séparer un seul, attesteront l'unité de pensée qui a dirigé ce travail. De plus, la clarté, la brièveté dans l'exposé de la matière, si volumineuse! (on peut en juger par la table,) rendront faciles la démonstration du professeur et l'étude de l'élève. En effet, ils trouveront sous leurs yeux, et en peu de mots, tout ce qu'il est nécessaire de connaître pour passer ensuite avec avantage entre les mains des professeurs de musique transcendante.

Bien qu'écrit pour les jeunes élèves dont il doit, avant *l'arrivée du professeur, préparer la leçon,* comme il doit *la mûrir* et *la fixer après son départ,* cet exposé ne sera pas seulement utile aux jeunes gens qui fréquentent les écoles et cours de musique; il sera encore d'un grand secours pour les amateurs qui auraient oublié ou négligé d'apprendre les principes.

Pour ceux des derniers qui voudraient étudier sérieusement l'histoire de la musique, les Notes justificatives que j'ai mises à la fin de cet ouvrage ne seront pas sans utilité. Non-seulement elles donnent de la force à ce traité; mais elles indiquent en même temps les auteurs et les divers manuscrits à consulter. Les élèves studieux et désireux d'approfondir cette partie de l'art, trouveront au moins un guide pour éclairer leur marche dans une science qui est encore dans l'ombre.

Que les hommes éclairés, que les professeurs approuvent mon travail, et j'en aurai reçu la plus douce récompense.

A. Bergerre.

[illegible]
[illegible]
[illegible]
[illegible]
[illegible]
[illegible]

EXPOSÉ RAISONNÉ

PRINCIPES DE LA MUSIQUE,

ACCOMPAGNÉ DE L'HISTORIQUE DES SIGNES ET DES FAITS.

§ 1er. *D.* Qu'est-ce que la musique?

R. La musique est un *art de sentiment* par lequel, avec des sons, on exprime les diverses sensations de l'âme.

§ 2. *D.* A qui attribue-t-on l'invention et la restauration de la musique?

R. *Jubal*, fils de *Lamech* et d'*Ada*, descendant de Caïn, et qui vivait l'an du monde 622, inventa quelques instrumens; il fut dès lors regardé comme inventeur de la musique. Après le déluge, les restaurateurs de cet art furent *Cham* et son fils *Mezraïm*, roi d'Egypte, descendant de Noé, en l'an 2188 avant Jésus-Christ. Des auteurs pensent que ce fut *Hermès Trismégiste*, secrétaire d'*Osiris*, lequel vivait 1980 ans avant Jésus-Christ; mais il est plus vraisemblable, et les Grecs de l'antiquité le pensaient, que la musique est née avec le monde et que les hommes cités comme inventeurs ou restaurateurs de la musique doivent être regardés comme s'en étant les premiers plus spécialement occupés : car le langage chanté est aussi naturel à l'homme que le langage parlé.

§ 3. *D.* Que se propose-t-on dans l'étude de la musique?

R. On se propose d'apprendre à calculer et à écrire les *sons*.

§ 4. *D.* Qu'appelez-vous *sons?*

R. On appelle ainsi tout bruit résonnant et appréciable à l'oreille.

I

§ 5. *D.* Combien y a-t-il de sons?

R. Il y en a sept principaux (1).

D. Comment se nomment-ils?

R. Ils se nomment : *ut, ré, mi, fa, sol, la* et *si.*

D. Par qui ont-ils été ainsi nommés?

R. Les six premiers l'ont été par Guido d'Arezzo, moine italien, qui vivait au onzième siècle (2); ces noms sont les premières syllabes de chaque vers de la première strophe de l'hymne de Saint-Jean : *Ut queant laxis,* etc. Il a choisi ces syllabes parce que les notes sous lesquelles elles se trouvent forment une suite de six sons échelonnés par seconde (3).

Le *si,* septième son, a été nommé par Jean Lemaire, musicien français, qui vivait au dix-septième siècle.

D. Les lettres alphabétiques qui se trouvent au chevillé du piano ne représentent-elles pas aussi les sons?

R. Elles les représentent dans cet ordre : A *la,* B *si,* C *ut,* D *ré,* E *mi,* F *fa,* G *sol;* cette désignation des sons

(1) Les sons intermédiaires qui se trouvent par le moyen des signes altératifs n'ayant pas de noms particuliers, j'ai préféré ne parler ici que des principaux.

(2) Ses ouvrages ne disent pas qu'il fut l'auteur de cette nomenclature des sons, seulement qu'il indiqua ces syllabes pour mieux retenir la succession des sons. Ayant le premier indiqué ce moyen, et les syllabes étant restées noms des sons, il doit donc nécessairement en être regardé comme l'auteur.

(5) Des auteurs pensent que cette musique a été écrite du temps de *Sapho* qui vivait 600 ans avant Jésus-Christ; d'autres attribuent cette hymne à *Alcuin,* précepteur de Charlemagne, 804 de notre ère.

— 3 —

..c attribuée à *saint Grégoire*, pape, qui vivait vers la fin
du sixième siècle.

§ 6. *D.* Sur quoi écrit-on la musique?

R. Sur cinq lignes horizontales et parallèles, lesquelles
se comptent de bas en haut.

D. Combien ces cinq lignes forment-elles d'espaces?

R. Quatre parmi lesquels les notes s'écrivent aussi.

D. Comment appelle-t-on la réunion de ces cinq lignes?

R. Portée musicale. Exemple :

Portée musicale.

Cinquième.	
	Quatrième.
Quatrième.	
	Troisième.
Troisième.	
	Deuxième.
Deuxième.	
	Premier espace.
Première.	

D. Pourquoi lui donne-t-on ce nom?

R. Parce qu'elle contient l'étendue ou la *portée* d'une
voix ordinaire.

D. Cette portée de cinq lignes suffit-elle pour écrire la
musique?

R. Non; mais lorsqu'on est obligé de la dépasser, soit
en haut, soit en bas, on y ajoute de petites lignes additionnelles, dont le nombre n'est pas limité. Exemple :

D. A qui attribue-t-on l'invention de cette portée?

R. A Guido, pour les quatre premières lignes : Jean de
Muris, chanoine français, qui vivait au quatorzième siècle,
ajouta la cinquième.

§ 7. *D.* Comment représentez-vous les sons?

R. Par des signes qu'on appelle *notes.*

D. A quelle époque et par qui furent faits les premiers
essais d'une *notation* en signes de convention?

R. Au neuvième siècle, par Hugbalde, moine de Saint-
Amand.

§ 8. *D.* Qui vous indique que telle note représente tel
son plutôt que tel autre?

R. Ce sont des signes qu'on nomme *clefs*, lesquels se posent généralement au commencement de la portée, et même peuvent prendre telle ou telle position sur toute l'étendue de la portée, selon que les notes qui suivent doivent représenter des sons plus ou moins graves.

D. Combien y a-t-il de clefs et comment se figurent-elles?

R. Il y en a trois qui sont : la clef d'*ut*, la clef de *sol*, et la clef de *fa* ; elles se représentent ainsi : clef d'*ut* 𝄡, clef de *sol* 𝄞, clef de *fa* 𝄢 ; ces clefs donnent leur nom à la note qui se trouve posée sur la même ligne qu'elles, et les autres notes se calculent d'après cette première.

D. A qui attribue-t-on l'invention et la modification de ces clefs?

R. Elles furent inventées par *Guido* et modifiées par *Jean de Muris.*

D. Sur quelle ligne se pose la clef d'*ut*?

R. Elle se pose sur la première, la deuxième, la troisième et la quatrième ligne, selon le besoin du compositeur. Exemple :

Position de la clef d'*ut*.

Clef d'*ut* sur la première ligne.

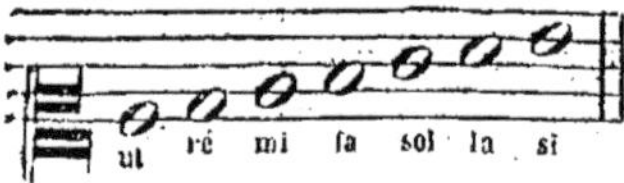

Clef d'*ut* sur la troisième ligne.

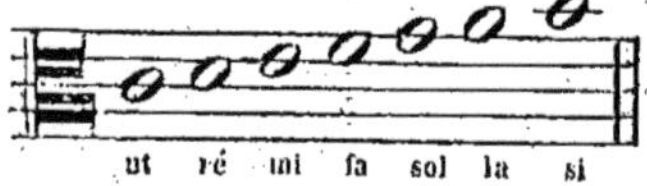

Clef d'*ut* sur la seconde ligne.

Clef d'*ut* sur la quatrième ligne.

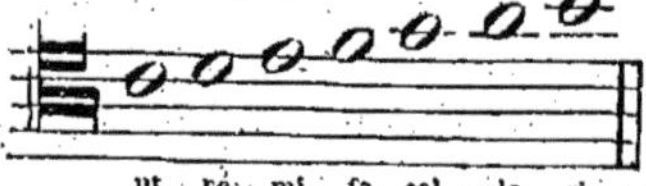

D. Sur quelle ligne se pose la clef de *sol*?

R. Sur la première et sur la seconde. Exemple :

Position de la clef de *sol*.

Clef de *sol* sur la première ligne.

Clef de *sol* sur la seconde ligne.

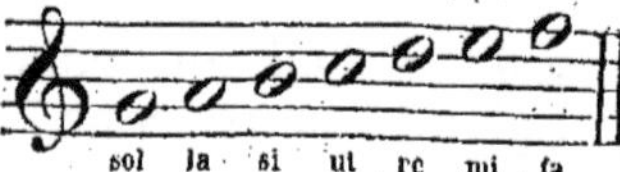

D. Sur quelle ligne se pose la clef de *fa ?*

R. Sur la troisième et la quatrième. Exemple :

Position de la clef de *fa*.

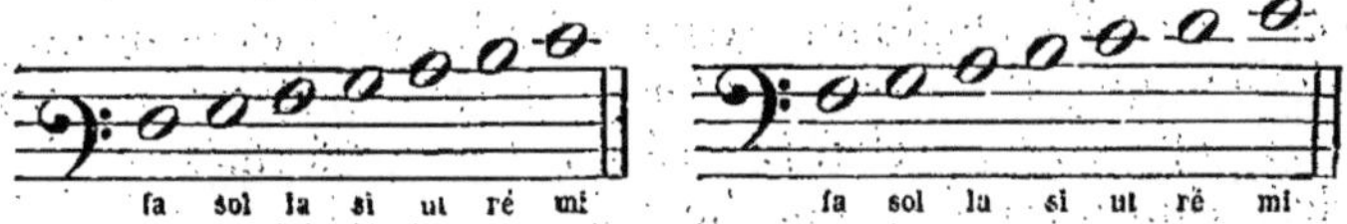

§ 9. *D.* Pourquoi un si grand nombre de clefs et de positions, quand une seule pourrait suffire pour indiquer quel nom doit prendre telle note ?

R. C'est qu'outre cette propriété, elles en ont d'autres aussi précieuses et qui ne pourraient exister avec une seule clef et une seule position.

D. Quelles sont ces autres propriétés ?

R. Ce sont celles d'indiquer à quel *diapason* appartiennent les notes qui les suivent, c'est-à-dire de faire connaître la qualité de son que représentent les notes écrites avec telle ou telle clef, et d'éviter par leur secours un trop grand emploi de lignes additionnelles, puisque toutes ces clefs et leurs positions forment une portée de douze lignes.

Je puis vous en donner un exemple en représentant par des points les lignes qui ne font point partie de la portée ordinaire. Exemple :

Portée de douze lignes.

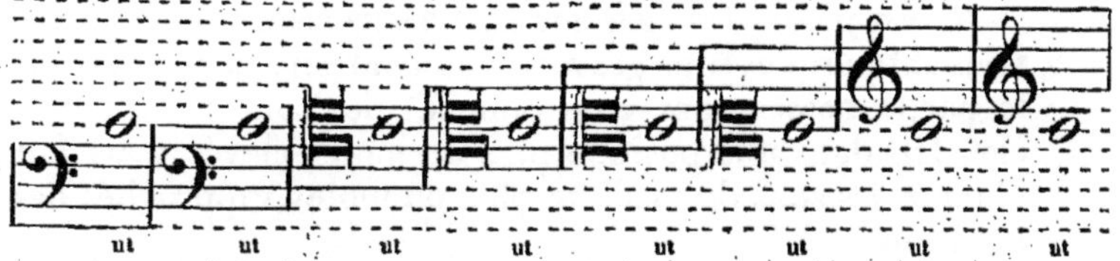

§ 10. *D.* A quoi cet exemple peut-il encore servir ?

R. A démontrer, d'une manière précise, les rapports qui existent entre toutes ces clefs. Car remarquez bien qu'en partant de la clef de *fa* sur la quatrième ligne et arrivant jusqu'à la clef de *sol* sur la première ligne, vous verrez, à mesure que vous changez de position et de clef ;

que vous gagnez une tierce, à l'aigu ; et de plus, que les *ut* donnés par chacune d'elles se trouvant posés sur la même ligne doivent par conséquent donner le même son, c'est-à-dire que le son fourni par tous ces *ut* doit être d'une parfaite identité. La position de ces notes vous démontre clairement l'analogie qui existe entre les clefs et la qualité de son que doit représenter la série de notes écrites avec telle ou telle clef. Ces séries de sons formés par les clefs sont ce qu'on appelle *diapason*, dénomination à laquelle on ajoute ces mots *élevé* ou *grave* (1).

D. Est-ce que, sur la portée ordinaire, la position de ces clefs ne pourrait pas démontrer aussi clairement les rapports qui existent entre elles ?

R. Non, parce que les *ut* donnés par chacune d'elles se trouvant échelonnés par tierce descendante, on peut croire que le son produit par chacun d'eux n'est pas identique, et cependant ils sont tous à l'unisson. Exemple :

Position des clefs sur la portée ordinaire.

D. Expliquez comment, par le moyen de ces clefs échelonnées, vous obtenez les séries de sons graves, du medium, ou aigus ?

R. En posant les clefs à la partie supérieure de la portée vous obtenez des sons graves, si au contraire elles occupent la partie basse, elles vous donnent des sons aigus ; et la clef d'*ut* dans une position plus ou moins élevée vous fait obtenir des sons du medium plus ou moins rapprochés des extrêmes.

En figurant les clefs attachées à une ligne perpendiculaire, renfermant les trois séries de sons, il sera facile de vous pénétrer de la propriété de chacune d'elles. Exemple :

(1) On appelle aussi *diapason* un petit instrument d'acier à deux branches, lequel, lorsqu'on le met en vibration, donne le son du *la* ; il sert à mettre les instrumens d'accord entre eux, en leur fournissant à tous une note uniforme.

§ 11. *D.* Pour quelle musique ces clefs et leurs positions sont-elles employées?

R. 1° La clef de *fa*, posée sur la quatrième ligne, étant celle qui, dans cette position, donne la série des sons les plus graves, s'emploie pour la musique destinée aux voix graves d'hommes, lesquelles sont nommées voix de *basse*, et généralement à tous les instrumens à sons graves, tels que la *basse*, la *contre-basse*, le *serpent*, l'*ophicléide*, le *trombone*, le *basson*, le *piano*, la *harpe*, l'*orgue*, etc.

2° La clef de *fa* posée sur la troisième ligne gagnant à l'aigu une tierce sur sa position de quatrième ligne, s'employait pour la musique écrite pour les voix d'hommes un peu plus élevées que celles de *basse*, lesquelles sont nommées *baryton*. Maintenant la position de cette clef sur la troisième ligne n'est plus usitée; celle sur la quatrième ligne suffit pour ce genre de voix.

Avant de poursuivre, je ferai observer que la quantité de son que gagne une clef d'un côté se trouve perdue pour elle de l'autre, c'est-à-dire que si une clef gagne une tierce à l'aigu, elle la perd au grave, et *vice versa*.

3° La clef d'*ut* posée sur la quatrième ligne gagnant à l'aigu une tierce sur la clef de *fa* posée sur la troisième ligne, et une quinte sur cette même clef posée sur la qua-

(1) Dans mes cours cet exemple m'a toujours réussi.

trième ligne, s'emploie pour la musique destinée aux voix aiguës d'hommes, nommées *tenor*, au *cor anglais*, et pour indiquer les sons aigus des instrumens à sons graves.

4° La clef d'*ut* posée sur la troisième ligne gagnant à l'aigu une tierce sur sa position de quatrième ligne, une quinte sur celle de *fa* posée sur la troisième ligne, et une septième sur cette même clef posée sur la quatrième ligne, s'emploie pour la musique qu'on écrit pour les voix très-aiguës d'hommes, lesquelles sont nommées *haute-contre*, genre de voix très-rare ; et pour la musique écrite pour l'*alto*.

5° La clef d'*ut* posée sur la deuxième ligne gagnant à l'aigu une tierce sur sa position de troisième ligne, une quinte sur sa position de quatrième ligne, une septième sur la clef de *fa* posée sur la troisième ligne, et une neuvième sur cette même clef posée sur la quatrième ligne, s'emploie pour la musique destinée aux voix graves de femmes, lesquelles sont nommées *contre-alto*.

6° La clef d'*ut* posée sur la première ligne gagnant à l'aigu une tierce sur sa position de deuxième ligne, une quinte sur sa position de troisième ligne, une septième sur sa position de quatrième ligne, une neuvième sur la clef de *fa* posée sur la troisième ligne, et une onzième sur la position de cette même clef sur la quatrième ligne, s'emploie pour la musique écrite pour les voix aiguës de femmes, lesquelles sont nommées *soprano*, et pour celles de *mezzo-soprano*, voix également de femmes, intermédiaires à celles de *soprano* et de *contre-alto*.

7° La clef de *sol* posée sur la deuxième ligne gagnant à l'aigu une tierce sur la clef d'*ut* posée sur la première ligne, une quinte sur cette clef posée sur la deuxième ligne, une septième sur cette même clef posée sur la troisième ligne, une neuvième lorsque cette clef est posée sur la quatrième ligne, une onzième sur la clef de *fa* posée sur la troisième ligne, et une treizième sur cette même clef posée sur la quatrième ligne, s'emploie comme étant généralement plus cultivée par les amateurs, pour toute la musique de chant (hors la musique pour voix de basse) destinée à être lancée dans le monde amateur ; et pour tous les instrumens à sons aigus, tels que le *violon*, la *flûte*, le *flageolet*, la *clarinette*, le *haut-bois*, le *cor*, la *trompette*, le *bugle*, la *guitare*, le *piano*, l'*orgue*, la *harpe*, etc. : elle s'emploie aussi pour indiquer les sons aigus des instrumens à sons graves.

8° La clef de *sol* posée sur la première ligne, laquelle gagne une tierce à l'aigu sur cette même clef posée sur la seconde ligne, n'est pas usitée, attendu que la notation qu'elle indique est la même que celle indiquée par la clef de *fa* posée sur la quatrième ligne, à l'exception que les deux séries de sons donnés par ces clefs se trouvent à une distance de deux octaves l'une de l'autre, c'est-à-dire que le *sol* donné par cette clef de *sol* est deux fois plus élevé que celui posé sur la même ligne et donné par la clef de *fa* ; sur le piano il se trouve le quatrième, et celui de la clef de *fa* se trouve le second.

§ 12. *D.* Comment s'appelle cette suite de notes donnée avec les clefs et leurs positions ?

R. Elle s'appelle *gamme* ou *échelle musicale*.

D. Pourquoi l'appelle-t-on ainsi ?

R. Au onzième siècle une corde au grave ayant été ajoutée au système connu, et cette corde ayant été désignée par le *gamma* des Grecs, la série de sons prit le nom de cette lettre (1).

D. De combien de notes une gamme complète doit-elle être composée ?

R. De huit.

D. Quelle est cette huitième ?

R. Elle est la même que la première si ce n'est qu'elle rend un son plus aigu. Exemple :

Gamme.

(1) Des auteurs pensent que l'addition de cette corde fut faite par Guido ; mais ce dernier n'en parle pas comme étant l'auteur de cette innovation.

§ 13. *D.* Comment appelez-vous la distance qu'il y a entre deux sons différens ?

R. Intervalle.

D. Comment les intervalles formés par deux sons voisins sont-ils divisés ?

R. En *tons* et *demi-tons*, selon qu'ils sont plus ou moins longs.

D. Combien la gamme comprend-elle de *tons* et de *demi-tons* ?

R. Cinq *tons* et deux *demi-tons.*

D. Comment sont-ils répartis ?

R. Ils le sont ainsi qu'il suit : de l'*ut* au *ré* un ton, du *ré* au *mi* un ton, du *mi* au *fa* un demi-ton, du *fa* au *sol* un ton, du *sol* au *la* un ton, du *la* au *si* un ton, et du *si* à l'*ut* un demi-ton. Exemple :

Position des tons et des demi-tons.

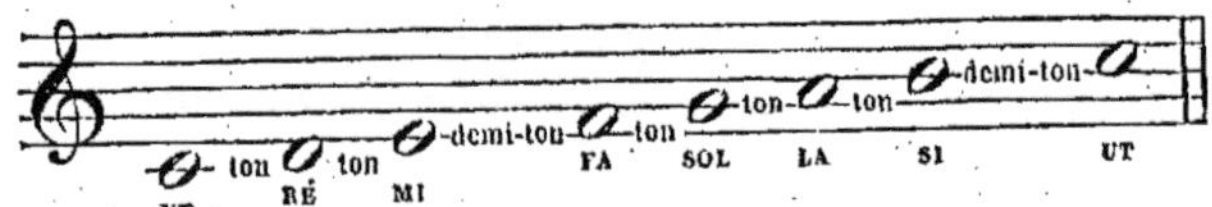

§ 14. *D.* Y a-t-il plusieurs espèces de demi-tons ?

R. Oui ; il y en a de deux espèces, savoir : les demi-tons *majeurs* et les demi-tons *mineurs.*

§ 15. *D.* Comment se font les demi-tons majeurs ?

R. Ils ne peuvent se faire sans le secours d'un des signes qu'on nomme : *dièse, double-dièse, bémol, double-bémol* et *bécarre.*

D. Sous quelle dénomination commune ces signes sont-ils confondus ?

R. Sous celle de *signes altératifs.*

D. A qui attribue-t-on l'invention de ces signes ?

R. Des auteurs pensent que ce fut *Timothée le Milésien,* contemporain d'Alexandre le Grand, et Olympe de Mycène. Ce qu'il y a de certain, c'est que ces signes ou leurs équivalents, étaient en usage plusieurs siècles avant Jésus-Christ.

D. Quelle est leur figure et leur propriété ?

R. Le *dièse,* qui se figure ainsi ♯, sert à faire donner à la note devant laquelle il se trouve placé un son plus élevé

d'un *demi-ton majeur* (1); il se place aussi au comincence-
ment de la portée, immédiatement après la clef. Dans ce
cas, attendu qu'il peut s'en trouver plusieurs et même
autant qu'il y a de notes, le premier est toujours sur le *fa*,
et les autres se placent de quinte en quinte en montant ou
de quarte en quarte en descendant, ce qui les fait paraître
dans cet ordre : *fa, ut, sol, ré, la, mi, si.* Exemple :

Position des dièses à la clef.

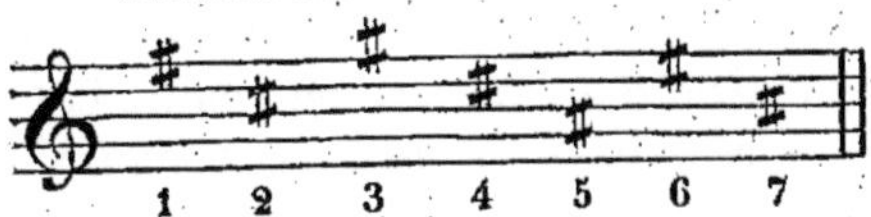

Le *double-dièse*, qui se figure ainsi ✕ ou ✕, sert à faire
donner encore un son plus élevé d'un demi-ton majeur, à
la note qui, déjà affectée d'un dièse, donnerait un son encore
trop bas. Il se met rarement à la clef; dans ce cas on suit
la même règle que pour le simple dièse.

Le *bémol*, qui se figure ainsi ♭, sert à faire donner à la
note devant laquelle il se trouve placé un son plus bas d'un
demi-ton majeur; comme le dièse, il se place aussi au commencement de la portée, immédiatement après la clef. Dans
ce cas, attendu qu'il peut y en avoir autant que de notes,
le premier est toujours sur le *si,* et les autres viennent se
placer à l'inverse des dièses, c'est-à-dire de quinte en
quinte en descendant, ou de quarte en quarte en montant,
et paraissent dans cet ordre : *si, mi, la, ré, sol, ut, fa.*
Exemple :

Position des bémols à la clef.

Le *double-bémol,* qui se figure ainsi ♭♭, sert à faire
donner un son encore plus bas d'un demi-ton majeur, à la
note qui, déjà affectée de ce signe, rendrait encore un son
trop haut. Il se met rarement à la clef; dans ce cas on doit
suivre la même règle que pour le simple bémol.

(1) Ces expressions sont préférables à celles de *hausser* et *baisser* le
son; j'engage les élèves à ne pas en employer d'autres : ils seront plus
dans le vrai.

Le *bécarre*, qui se figure ainsi ♮, sert à rétablir le son primitif d'une note qui aurait été simplement diésée ou bémolisée, et à rendre simple le double-dièse et le double-bémol. A la clef, il se met à la place du dièse ou du bémol qu'on veut faire disparaître.

§ 16. *D.* Lorsque les signes sont placés à la clef, combien de temps les notes qui en sont affectées doivent-elles rester sous leur influence?

R. Tout le temps que doit durer le morceau, à moins que l'apparition d'un bécarre ne vienne la faire cesser.

D. Et lorsqu'ils se rencontrent dans le courant d'un morceau?

R. Ils n'ont d'influence que pour la mesure dans laquelle ils se trouvent; et dans ce cas on dit *dièse accidentel, bémol accidentel*, ou note *accidentellement* diésée ou bémolisée; ce qui signifie que ces signes n'ont d'influence que sur les notes qui se trouvent dans la même mesure qu'eux.

D. Comment appelle-t-on les sons donnés par les signes altératifs?

R. On les appelle *sons intermédiaires.*

§ 17. *D.* Maintenant que nous connaissons les signes altératifs, revenons aux demi-tons, et dites-moi où se trouvent les *demi-tons majeurs?*

R. Ils se trouvent toujours entre deux sons représentés par deux notes portant le même nom, se posant sur le même degré, et dont l'une est affectée d'un dièse ou d'un bémol, comme l'intervalle qui se trouve entre *ut* ♮ et *ut* ♯, *si* ♭ et *si* ♮, etc. Exemple :

Demi-tons majeurs.

D. Où se trouvent les demi-tons mineurs?

R. Ils se trouvent toujours entre deux sons représentés par deux notes formant intervalle de seconde, tels que les deux demi-tons de la gamme, ainsi que ceux qui se rencontrent entre une note naturelle et la seconde supérieure de

cette note bémolisée ; et entre une note diésée et la seconde
supérieure de cette note naturelle. Tel est l'intervalle qui se
trouve entre *ré* ♮ et *mi* ♭, *fa* ♯ et *sol* ♮, etc. Exemple :

Demi-tons mineurs.

(1)

Ces deux espèces de demi-tons font partie de certaines
manières de ranger les notes, qu'on nomme *genres*.

§ 18. *D.* Combien y a-t-il de *genres* ?

R. Il y en a trois qui sont : le *genre diatonique*, le *genre
chromatique*, et le *genre enharmonique*.

D. Qu'appelez-vous *genre diatonique* ?

R. Celui qui procède par des sons formant des intervalles
de *tons* et de *demi-tons mineurs*. Exemple :

Gamme diatonique.

(1) *Pythagore*, théoricien grec qui vivait 550 ans avant Jésus-
Christ, fut le premier auteur de la division arithmétique des intervalles. Malheureusement son système n'était pas complètement exact.
Par exemple : le demi-ton diatonique fut par lui classé comme demi-ton
majeur et le demi-ton chromatique comme demi-ton mineur. Ce système
vicieux fut combattu par les praticiens de son époque et depuis par
Aristoxène. Ce savant florissait 330 ans avant Jésus-Christ, tout en
combattant avec raison la division établie par Pythagore, il suivait une
route non moins fausse en admettant la division de l'intervalle de ton
par demi-tons justes, et ne tenant aucun compte de la tendance du dièse
à se résoudre sur sa seconde supérieure, et de celle du bémol à se
résoudre sur sa seconde inférieure ; cette tendance des notes altérées à
se fondre pour ainsi dire avec telle note plutôt qu'avec telle autre, prouve
d'abord que les signes altératifs ne partagent pas l'intervalle de ton en
deux parties égales, c'est-à-dire par demi-tons justes comme le dit
Aristoxène, et de plus que contrairement à l'opinion de *Pythagore*,
l'intervalle le plus court à franchir est celui qui se trouve entre la note
altérée et la note principale, sur laquelle elle tend à se résoudre. Malgré
ces luttes d'écoles la classification de *Pythagore* fut, théoriquement
parlant, adoptée et suivie jusqu'à nos jours. Dans ma *Classification des
demi-tons*, publiée en 1833, j'ai démontré, par un raisonnement précis,
combien ce système était en opposition avec le sentiment auditif qui, en
musique, doit être consulté d'abord ; et qu'il était fâcheux pour l'art de
persister dans une routine aussi déplorable. Je ne sais si mon opinion a
prévalu, mais j'ai vu avec plaisir dans les ouvrages élémentaires publiés
depuis, ou du moins dans une grande partie, que cette erreur grave
a disparu.

D. Qu'appelez-vous *genre chromatique?*

R. On appelle ainsi celui qui procède par des sons formant des intervalles de *demi-tons majeurs* et de *demi-tons* mineurs (on dit aussi du demi-ton majeur qu'il est chromatique). Exemple :

Gammes chromatiques.

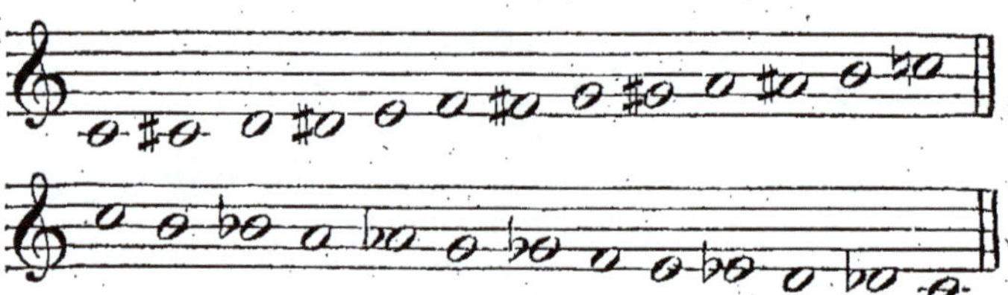

D. Pourquoi cette manière de procéder s'appelle-t-elle *genre chromatique* plutôt que *genre diatonique?*

R. C'est que, comme nous l'avons vu, le *demi-ton chromatique* étant majeur, il doit donner son nom à cette manière de procéder, attendu qu'il est supérieur à l'autre demi-ton puisqu'il a sur ce dernier un avantage en longueur.

D. Qu'appelez-vous *genre enharmonique?*

R. Celui qui procède par des sons formant des intervalles de *comma.*

§ 19. *D.* Qu'appelez-vous *comma?*

R. On appelle ainsi le petit intervalle qui se trouve entre deux sons voisins dont les notes représentatives sont celle du son inférieur affectée d'un dièse et celle du son supérieur affectée d'un bémol, comme *ut* ♯ *ré* ♭, *sol* ♯, *la* ♭, etc. Exemple :

Comma, genre enharmonique.

§ 20. *D.* Comment appelez-vous l'emploi de ce genre?

R. Transition enharmonique.

D. Comment se fait cette transition?

R. Elle se fait en substituant à la place d'une note diésée sa seconde supérieure bémolisée, ou en substituant à la

place d'une note bémolisée sa seconde inférieure diésée.
Exemple :

NOTES
DEVANT PARAÎTRE.

NOTES SUBSTITUÉES.

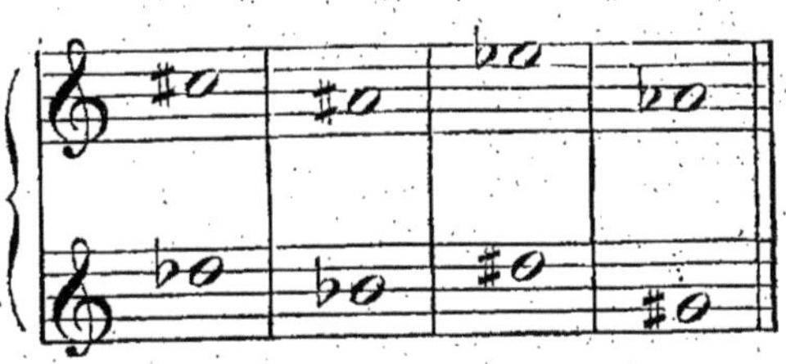

§ 21. *D.* Représentez-moi la position de ces trois genres dans un intervalle d'un ton ?

R. En prenant pour cette exposition les deux notes
ut ♮ et *ré* ♮, lesquelles représentent deux sons voisins dont
l'intervalle est d'un ton, ces trois genres se trouveront
dans cette position. Exemple :

Position des trois genres dans l'intervalle d'un ton (1).

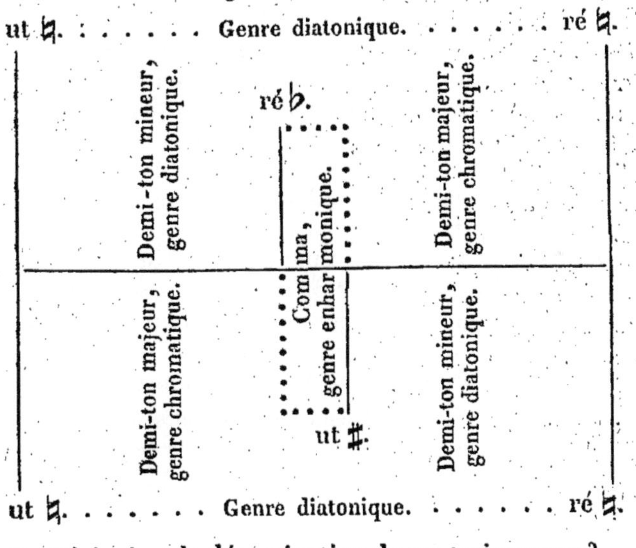

ut ♮. : . . . . . Genre diatonique. . . . . . . ré ♮.

ut ♮. . . . . . . Genre diatonique. . . . . . . ré ♮.

D. D'où vient la dénomination de ces trois genres?

R. Diatonique vient du grec *dia* par, et de *tonos* ton,
passant d'un ton à un autre. Chromatique vient de *chroma*

(1) Voir ma *Classification des demi-tons*. Chez *Périsse frères*.

qui signifie couleur, parce que les Grecs indiquaient ce genre avec des caractères coloriés; et enharmonique, que les Grecs appelaient *enharmonios*, veut dire *tempéré, harmonique, petite distance*.

D. A qui attribue-t-on l'invention de ces genres?

R. On pense généralement que le genre enharmonique d'Olympe de Mysie (1), qui vivait 1,000 ans avant Jésus-Christ, genre qui ne ressemble à aucun des nôtres, donna naissance au genre diatonique. D'autres croient que ce genre a commencé avec la musique, comme étant composé de tons naturels, ce qui est probable.

Le genre chromatique doit son origine à Timothée de Milet, qui vivait 330 ans avant Jésus-Christ, et les innovations introduites par Monteverde de Cremone, grand compositeur du seizième siècle, l'ont établi ce qu'il est aujourd'hui.

Le genre enharmonique est dû à Olympe de Mycène; le père Martini pense que ce genre ne fut inventé que vers le temps où mourut Eratosthènes, vers l'an 194 avant Jésus-Christ. Au commencement du dix-septième siècle, Alexandre Scarlati, compositeur italien, qui en tira d'heureux effets, l'établit ce que nous le voyons de nos jours.

§ 22. *D.* Quels intervalles forment sur l'*ut* les diverses notes de la gamme?

R. Elles forment les intervalles de *seconde, tierce, quarte, quinte, sixte, septième* et *huitième* ou *octave*; lesquels se comptent toujours en montant, à moins que le contraire ne soit indiqué. Deux notes naturelles sur le même degré forment ce qu'on appelle unisson. Exemple :

De l'unisson et des intervalles.

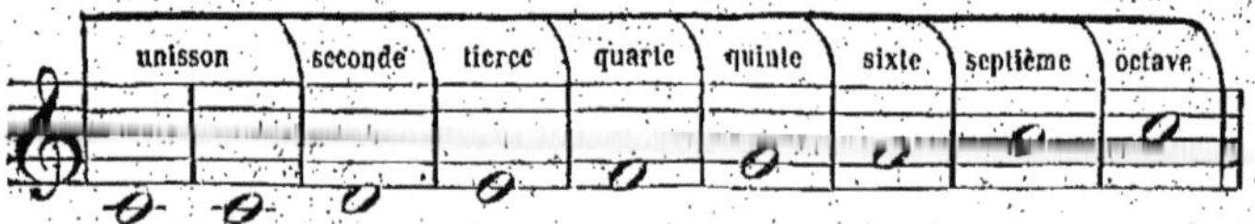

§ 23. *D.* Ces notes forment-elles toujours avec l'*ut* intervalle de *seconde, tierce*, etc.?

R. Non; car si nous changions de diapason l'*ut* ou les

(1) Les Mysiens étaient voisins et alliés des Troyens.

notes formant ces intervalles, c'est-à-dire, si nous portions à l'aigu ce qui est au grave, ou au grave ce qui est à l'aigu, les notes, par ce renversement, se trouvant totalement dérangées, les intervalles ne seraient nullement les mêmes. Ainsi l'*unisson* (1) renversé produirait une *octave*, la *seconde* produirait une *septième*, la *tierce* une *sixte*, la *quarte* une *quinte*, la *quinte* une *quarte*, la *sixte* une *tierce*, la *septième* une *seconde*, et l'*octave* produirait l'*unisson*. Exemple :

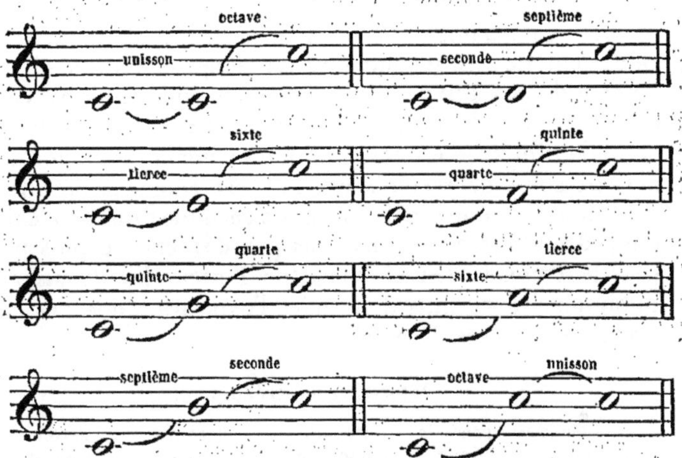

§ 24. *D.* Y a-t-il plusieurs espèces d'intervalles de même nombre ?

R. Oui.

D. Combien y en a-t-il ?

R. Il y en a six, savoir : *majeur, mineur, augmenté, diminué, maxime* et *minime;* ces deux dernières espèces ne sont pas usitées, comme notes principales; mais comme notes de passage (2), elles peuvent être employées.

(1) J'ai mis l'unisson avec les intervalles, quoique n'en étant pas un, parce que son renversement en produit un.

(2) On appelle ainsi toutes notes ne faisant pas partie de l'accord qui les accompagne.

D. Quels rapports existent entre ces six espèces ?

R. Le majeur est l'intervalle naturel le plus grand, le mineur est l'intervalle naturel le plus petit, l'augmenté est plus grand que le majeur, le diminué plus petit que le mineur, le maxime plus grand que l'augmenté, et le minime plus petit que le diminué. Ces quatre dernières espèces ne sont pas regardées comme intervalles naturels, attendu qu'ils ne peuvent se faire sans le secours du dièse ou du bémol.

D. Comment reconnaître ces espèces de même nombre ?

R. On les reconnaît à ce que l'intervalle de seconde majeure est composé de deux demi-tons, comme d'*ut* ♮ à *ré* ♮; celui de seconde mineure est composé d'un demi-ton, comme de *si* ♮ à *ut* ♮; celui de seconde augmentée est composé de trois demi-tons, comme d'*ut* ♮ à *ré* ♯; celui de seconde diminuée est composé d'un comma, comme d'*ut* ♯ à *ré* ♭; celui de seconde maxime est composé de quatre demi-tons, comme d'*ut* ♭ à *ré* ♯. La seconde minime n'existe pas, attendu que nous n'avons pas d'intervalle plus petit que le comma, lequel constitue l'intervalle de seconde diminuée. Je ne puis donc faire l'exposition que des cinq premières espèces. Exemple :

Intervalles de secondes.

L'intervalle de tierce majeure est composé de quatre demi-tons, comme d'*ut* ♮ à *mi* ♮; celui de tierce mineure est composé de trois demi-tons, comme de *la* ♮ à *ut* ♮; celui de tierce augmentée est composé de cinq demi-tons, comme d'*ut* ♮ à *mi* ♯; celui de tierce diminuée est composé de deux demi-tons, comme d'*ut* ♯ à *ré* ♭; celui de tierce maxime est composé de six demi-tons, comme d'*ut* ♭ à *mi* ♯; et celui de tierce minime est composé d'un demi-ton, comme d'*ut* ♯ à *mi* ♭♭. Exemple :

Intervalles de tierces.

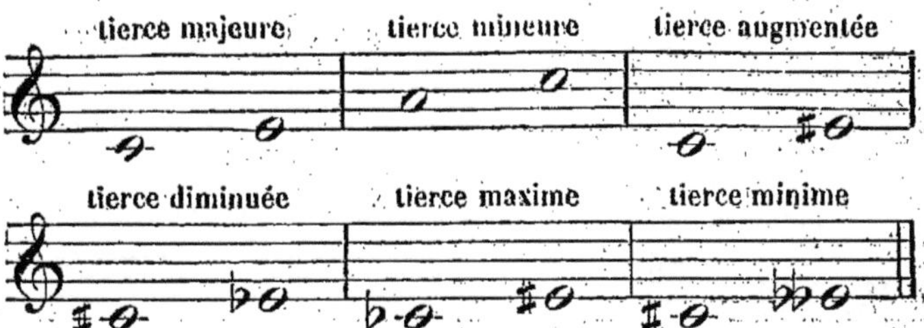

L'intervalle de quarte majeure est composé de six demi-tons, comme de *fa* ♮ à *si* ♮; celui de quarte mineure est composé de cinq demi-tons, comme d'*ut* ♮ à *fa* ♮; celui de quarte augmentée est composé de sept demi-tons, comme de *fa* ♮ à *si* ♯; celui de quarte diminuée est composé de quatre demi-tons, comme d'*ut* ♯ à *fa* ♮; celui de quarte maxime est composé de huit demi-tons, comme de *fa* ♭ à *si* ♯; et celui de quarte minime est composé de trois demi-tons, comme d'*ut* ♯ à *fa* ♭.

Intervalles de quartes.

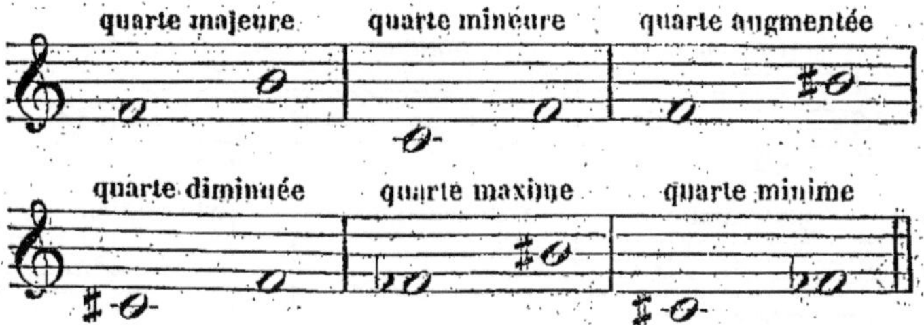

L'intervalle de quinte majeure est composé de sept demi-tons, comme d'*ut* ♮ à *sol* ♮; celui de quinte mineure est composé de six demi-tons, comme de *si* ♮ à *fa* ♮; celui de quinte augmentée est composé de huit demi-tons, comme d'*ut* ♮ à *sol* ♯; celui de quinte diminuée est composé de cinq demi-tons, comme de *si* ♮ à *fa* ♭; celui de quinte maxime est composé de neuf demi-tons, comme d'*ut* ♭ à *sol* ♯; et celui de quinte minime est composé de quatre demi-tons, comme de *si* ♯ à *fa* ♭. Exemple :

Intervalles de quintes.

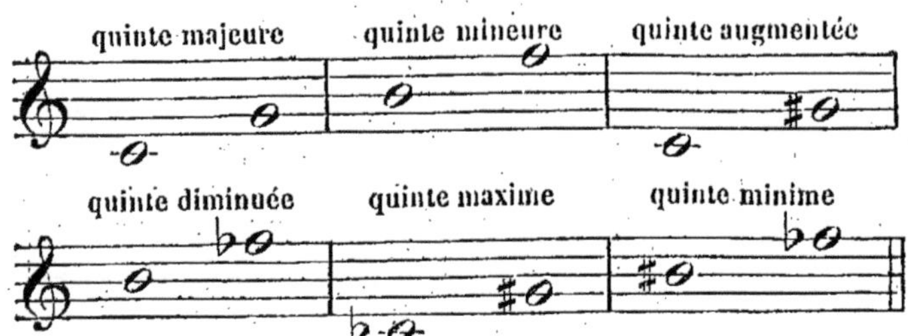

L'intervalle de sixte majeure est composé de neuf demi-tons, comme d'*ut* ♮ à *la* ♮; celui de sixte mineure est composé de huit demi-tons, comme de *mi* ♮ à *ut* ♮; celui de sixte augmentée est composé de dix demi-tons, comme d'*ut* ♮ à *la* ♯; celui de sixte diminuée est composé de sept demi-tons, comme de *mi* ♮ à *ut* ♭; celui de sixte maxime est composé de onze demi-tons, comme d'*ut* ♭ à *la* ♯; et celui de sixte minime est composé de six demi-tons, comme de *mi* ♯ à *ut* ♭. Exemple :

Intervalles de sixtes.

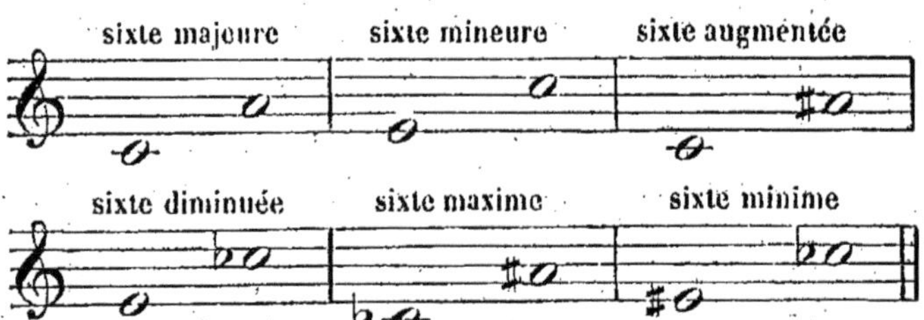

L'intervalle de septième majeure est composé de onze demi-tons, comme d'*ut* ♮ à *si* ♮; celui de septième mineure est composé de dix demi-tons, comme de *sol* ♮ à *fa* ♮; celui de septième augmentée est composé de douze demi-tons, comme d'*ut* ♮ à *si* ♯; celui de septième diminuée est composé de neuf demi-tons, comme de *sol* ♯ à *fa* ♮ : la septième maxime est composée de treize demi-tons, comme d'*ut* ♭ à *si* ♯; celui de septième minime est composé de huit demi-tons, comme de *sol* ♯ à *fa* ♭. Exemple :

Intervalles de septièmes.

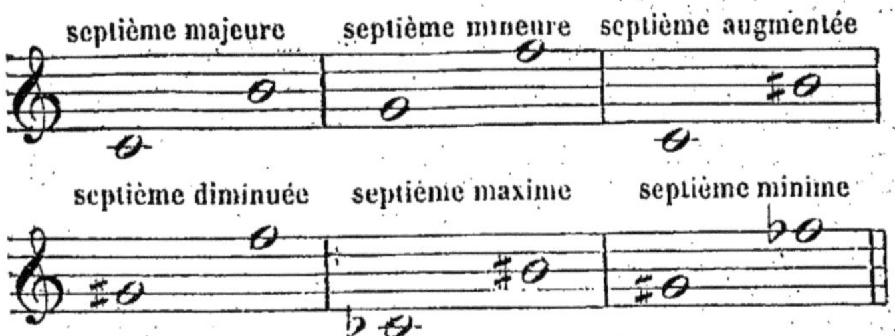

L'intervalle de huitième ne supporte aucune de ces qualifications; le huitième son qu'on appelle *octave* est inaltérable (1), autrement il ne saurait conserver la double indication qu'on lui donne; car on n'entend pas seulement par *octave* qu'il y a intervalle de huitième d'une note à l'autre, mais encore que le son produit par chacune d'elles doit être le même à l'exception que l'un d'eux est aigu ou grave.

D. L'unisson doit-il être dans le même cas?

R. Oui, de même que pour l'octave, il n'y a ni unisson majeur, ni unisson augmenté, etc., car ce mot porte avec lui sa définition, *unisson, sons unis, mêmes sons;* et du moment qu'il n'y a plus identité dans les deux sons, la dé-nomination se change en celle d'intervalle chromatique. Exemple :

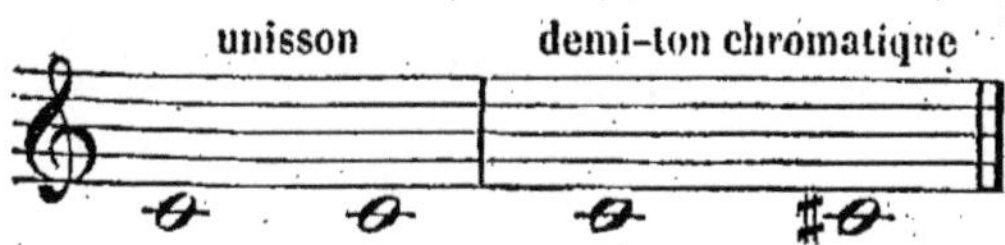

§ 25. *D.* Tous les intervalles, en se renversant, restent-ils de même espèce?

R. Non : en se renversant, toutes les espèces d'inter-valles se changent, c'est-à-dire qu'un intervalle majeur devient mineur, qu'un intervalle mineur devient majeur, qu'un intervalle augmenté devient diminué, qu'un inter-valle diminué devient augmenté, qu'un intervalle maxime

(1) La note octave est inaltérable comme note principale, mais elle peut être altérée comme note de passage.

devient minime, et qu'un intervalle minime devient maxime. Exemple :

Renversemens des espèces d'intervalles.

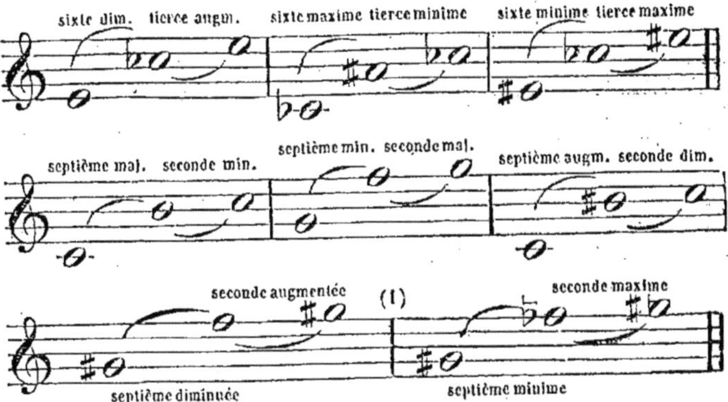

§ 26. *D.* Combien y a-t-il d'intervalles naturels de même nombre dans la gamme ou octave?

R. Il y a cinq secondes majeures, deux secondes mineures, trois tierces majeures, trois tierces mineures, une quarte majeure, appelée *triton*, parce qu'elle est composée de trois tons; quatre quartes mineures, quatre quintes majeures; et si vous ajoutez à cette gamme une seconde inférieure, vous aurez une quinte mineure, laquelle ne se trouve pas dans la gamme composée de huit sons; deux sixtes majeures, une sixte mineure et une septième majeure. Exemple :

Intervalles naturels de même nombre dans la gamme.

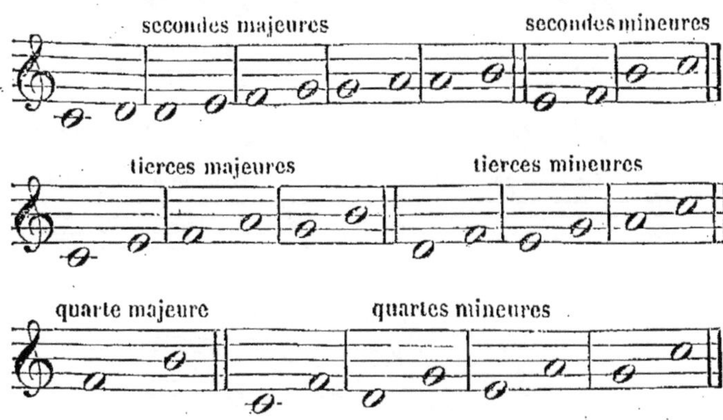

(1) La 7e maxime ne se renverse pas, attendu que dans son renversement la note inférieure produirait un son beaucoup plus élevé que celui donné par la seconde supérieure.

§ 27. *D.* Ne donne-t-on le nom de gamme qu'à cette série de huit notes ?

R. Non. Ce nom est aussi donné à toutes suites de notes marchant symétriquement ; seulement on ajoute au mot gamme le nom des intervalles par lesquels la suite de notes procède. Exemple :

Gammes composées d'intervalles plus ou moins éloignés.

§ 28. *D.* Sous quelle dénomination les gammes se généralisent-elles ?

R. Sous celles de *conjointes* et *disjointes*; ainsi on dit gamme *conjointe* quand les notes qui la composent procèdent par des intervalles de secondes, et gamme *disjointe* quand les notes qui la composent procèdent par des intervalles de tierces, quartes, quintes, etc.

§ 29. *D.* Outre ces noms d'*ut, ré, mi*, etc., donnés aux notes représentant les sons, ne leur donne-t-on pas des dénominations particulières, indiquant les relations qui existent entre elles, et qui peuvent s'adapter à toute note, selon la position numérique qu'elle doit occuper dans la gamme qu'on veut représenter?

R. Oui, et ces dénominations sont les suivantes : *tonique, sus-tonique, médiante, sous-dominante, dominante, sus-dominante* et *sensible.*

D. A quel siècle attribuez-vous la fixation de ces dénominations?

R. Au seizième siècle.

D. Comment sont-elles réparties?

R. Elles le sont ainsi : l'*ut* est *tonique*, le *ré sus-tonique*, le *mi médiante*, le *fa sous-dominante*, le *sol dominante*, le *la sus-dominante*, et le *si sensible.* Exemple :

B. *Ut*, octave.	Huitième.
Si, sensible.	Septième.
La, sus-dominante.	Sixte.
Sol, dominante.	Quinte.
Fa, sous-dominante.	Quarte.
Mi, médiante.	Tierce.
Ré, sus-tonique.	Seconde.
A. *Ut*, tonique.	Première.

D. Pourquoi ces notes ont-elles reçu telle dénomination plutôt que telle autre?

R. Cela tient à leur position et au son qu'elles produisent; ainsi, en commençant par les notes les plus importantes, l'*ut* est appelé *tonique*, parce qu'il sert de base pour la construction de cette gamme; le *sol* est appelé *dominante*, parce que le son qu'il produit, sans être le plus élevé, est celui qui se fait le plus entendre, c'est-à-dire qu'on rencontre le plus ordinairement; le *mi* est appelé *médiante* par la position qu'il occupe entre l'*ut* et le *sol*; le *si* est appelé *sensible*, parce qu'il est impossible de s'arrêter sur cette note, et que le son qu'elle produit vous fait toujours éprouver le désir d'entendre le son qui doit suivre, lequel est le son de l'*ut octave* de celui pris pour base ou point de départ; et les autres notes, comme vous avez dû le remarquer, ont pris les mêmes dénominations que leurs voisines les plus importantes; dénominations auxquelles on a ajouté les prépositions *sus* et *sous*, selon que la note est plus ou moins élevée.

§ 3o. *D.* Comment nommez-vous cette gamme?

R. Gamme du ton d'*ut mode majeur*.

D. Pourquoi du ton d'*ut?*

R. Parce que cette note en est la tonique, et qu'une gamme porte toujours le nom de la note qui a servi de base ou de point de départ pour sa construction.

D. Est-ce cette note qui doit aussi terminer la gamme?

R. Oui; comme note *fondamentale*, c'est elle aussi qui sert de *terminaison*, ou de *note finale* (1).

§ 31. *D.* Que veut dire *mode?*

R. Ce substantif, qui vient du mot latin *modus*, veut dire *manière d'être*.

D. Il y a donc plusieurs modes, que vous indiquez celui-ci comme majeur?

R. Oui, il y en a deux qui sont : le *mode majeur* et le *mode mineur*.

D. A quelle époque fixez-vous l'existence des modes tels qu'ils sont maintenant?

R. Au seizième siècle *Monteverde*, par ses innovations, fit naître une nouvelle tonalité et de nouvelles combinaisons, lesquelles furent définitivement fixées dans l'école de Naples dirigée par le célèbre *Durante*.

D. Qui est-ce qui les constitue?

R. C'est l'intervalle qui se trouve entre la tonique et la médiante, c'est-à-dire la tierce de la tonique. Ainsi, quand

---

(1) On dit aussi finale d'un morceau terminant une grande pièce de musique, et d'un grand air amenant le dénoûment d'un acte d'opéra. Ce genre a été inventé par Logroscino, compositeur italien, qui vivait au dix-huitième siècle.

cette tierce est majeure, le mode est majeur; quand elle est mineure, le mode est mineur; et comme, dans la gamme du ton d'*ut*, la tierce *ut mi* est majeure, attendu qu'il y a deux tons de l'une à l'autre note, cette gamme est nécessairement du mode majeur.

D. Le changement de mode entraîne-t-il avec lui l'idée qu'on change de ton?

R. Non: on peut changer de mode sans changer de ton, comme on peut changer de ton sans changer de mode.

§ 32. *D.* A quoi sert la gamme d'*ut*?

R. Elle sert de *modèle* pour la construction des gammes majeures, c'est-à-dire que toutes celles qui appartiennent à ce mode doivent être modelées sur elle, et qu'ainsi les intervalles de tons et de demi-tons doivent être à égale distance de la tonique qu'ils le sont dans la gamme d'*ut*. Ces distances ne pourront s'établir sans le secours des signes altératifs.

D. Pourquoi cette gamme sert-elle de modèle?

R. Parce que les sons et les intervalles qui la composent sont le résultat de la résonnance du *corps sonore* et de la division du *monocorde* (1).

§ 33. *D.* En combien de tons peut-on faire les gammes?

R. En trente tons.

D. Appartiennent-elles toutes au même mode?

R. Non; quinze appartiennent au mode majeur, et quinze au mode mineur.

§ 34. *D.* Comment procéder pour trouver les gammes du mode majeur?

R. De deux manières : 1° en changeant la *sous-dominante* en *sensible* par le moyen du dièse, ce qui s'appelle procéder par *quinte supérieure*, dénomination qui est due à ce que cette quinte devient tonique; 2° en faisant une *sous-dominante* de la *sensible* au moyen du bémol, ce qui s'appelle procéder par *quinte inférieure*, parce que cette quinte devient tonique. Or chacune de ces deux méthodes

____

(1) On appelle corps sonore tout corps rendant immédiatement un son, et monocorde un instrument n'ayant qu'une corde qu'on divise à volonté par des chevalets mobiles, servant à trouver les rapports des intervalles musicaux.

donne sept gammes en tons différents, ainsi qu'on va le
voir dans l'exposé suivant.

Par quintes supérieures. En partant de la gamme d'*ut* ♮,
on passe en celle du ton de *sol* ♮ (1), en diésant le *fa sous-
dominante* d'*ut*, lequel devient par cette altération sensible
de *sol*. De cette dernière on passe en celle de *ré* ♮, en
diésant l'*ut* sous-dominante de *sol*, lequel devient sensible
de *ré* (2). De la gamme du ton de *ré* on passe en celle du
ton de *la* ♮, en diésant le *sol* sous-dominante du ton de *ré*,
lequel devient sensible de *la*; et en continuant ainsi par
l'altération des sous-dominantes, on arrive à la gamme du
ton d'*ut* ♯ avec sept dièses, laquelle complète les sept
gammes que donnent les quintes supérieures. Exemple :

**Des gammes majeures obtenues par quintes supérieures avec le
secours des dièses.**

Gamme du ton d'*ut* ♮.

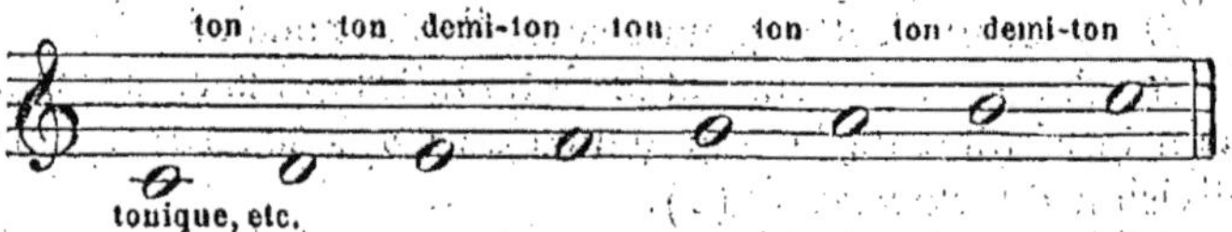

Gamme du ton de *sol* ♮.

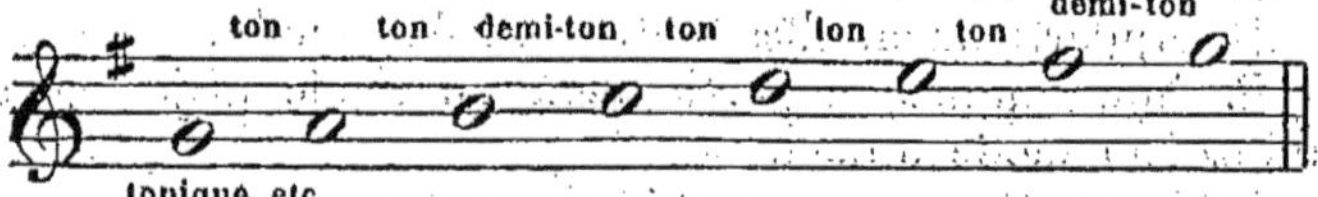

Gamme du ton de *ré* ♮.

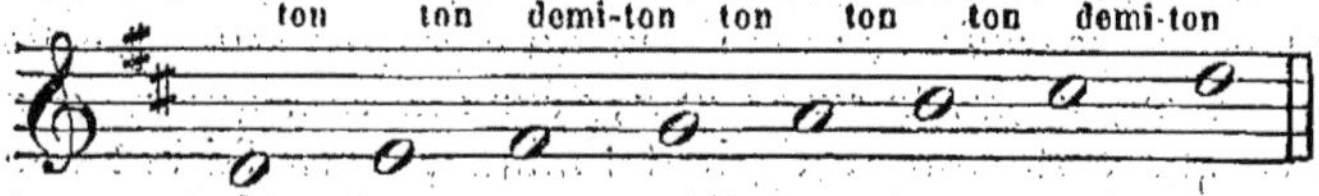

(1) On doit toujours indiquer si la tonique est ou non altérée, et je
ferai aussi observer qu'on altère les notes pour rendre la gamme, dans
ces nouveaux tons, semblable à celle d'*ut*.

(2) Quand on sort d'un ton dans lequel il y a des dièses ou des bémols
et qu'on procède toujours par quintes supérieures ou inférieures, on
doit, dans le nouveau ton, conserver les dièses ou bémols du précédent,
et quand de prime abord on écrit la gamme dans un ton qui comprend
des signes altératifs, on doit les mettre à la clef.

Gamme du ton de *la* ♮.

Par quintes inférieures. En partant également de la gamme du ton d'*ut*, la première que l'on rencontre est celle de *fa* ♮, laquelle s'obtient en bémolisant le *si*, sensible du ton d'*ut*, qui par cette altération devient sous-dominante de la nouvelle gamme. De la gamme de *fa* on passe en la gamme du ton de *si* ♭, en bémolisant le *mi*, sensible du ton de *fa*; ce *mi* devient par l'effet du bémol sous-dominante de cette nouvelle gamme. De cette dernière on passe en la gamme de *mi* ♭, en bémolisant le *la*, sensible du ton de *si*, lequel devient sous-dominante de cette gamme; et ainsi de suite jusqu'à ce qu'on arrive en la gamme d'*ut* ♭, laquelle termine les sept gammes par quintes inférieures. Exemple :

Des gammes majeures obtenues par quintes inférieures avec le secours des bémols.

Gamme du ton d'*ut* ♮.

Gamme du ton de *fa* ♮.

Gamme du ton de *si* ♭.

Gamme du ton de *mi* ♭.

Gamme du ton de *la* ♭.

Gamme du ton de *ré* ♭.

Gamme du ton de *sol* ♭.

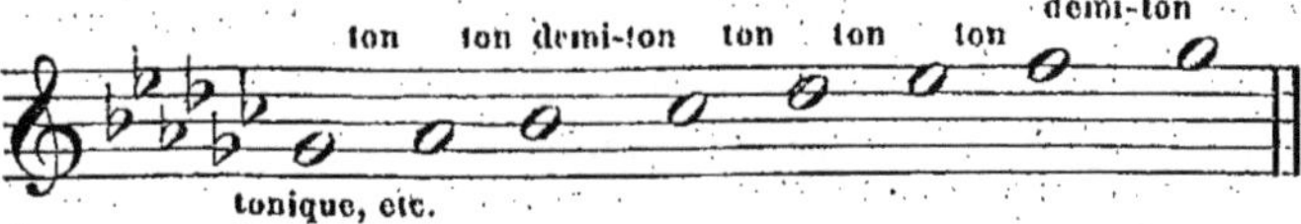

Gamme du ton d'*ut* ♭.

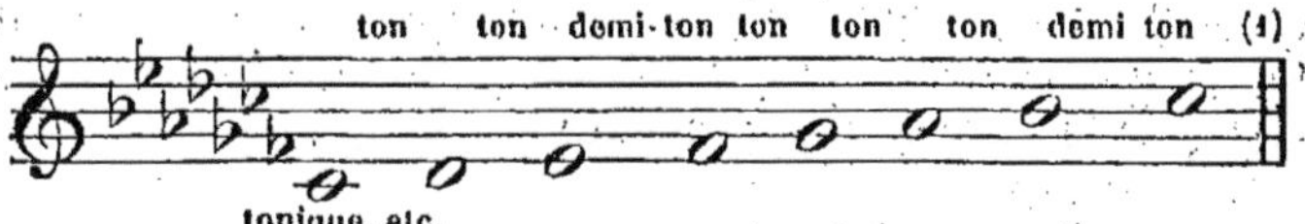

§ 35. *D*. Les gammes du mode mineur se succèdent-elles de l'une à l'autre, comme celles du mode majeur, c'est-à-dire s'engendrent-elles l'une par l'autre?

R. Non, chacune d'elles provient d'une gamme majeure; mais vous les rencontrez toujours paraissant par quinte soit supérieure, soit inférieure, selon qu'elles seront sorties de gammes formées avec des dièses, ou avec des bémols.

D. Comment les obtient-on et laquelle sert de modèle?

R. On les obtient en diésant *accidentellement* les dominantes des gammes majeures, ce qui rend ces dominantes sensibles des gammes mineures. Quant au modèle, il n'en saurait exister, puisque chaque gamme mineure provient d'une gamme majeure différente, et que toutes s'obtenant par le même procédé, elles ne peuvent par conséquent offrir de différence dans leur construction.

Ainsi, de la gamme du ton d'*ut* ♮, mode majeur, on passe en la gamme du ton de *la* ♮, mode mineur, en diésant accidentellement le *sol* qui, de dominante du ton majeur, devient, par l'effet du dièse, sensible de la gamme mineure. De la gamme du ton de *sol* ♮, mode majeur, on passe en la gamme du ton de *mi* ♮, mode mineur, en diésant le *ré*, dominante du ton majeur, lequel devient, par cette altération, sensible de la gamme mineure. De la gamme du ton de *ré* ♮, mode majeur, on passe en la gamme du ton de *si* ♮, mode mineur, en diésant le *la*, dominante de la gamme

(1) Ce ton est le seul dans lequel il y ait une sensible bémolisée.

majeure, lequel devient, comme *la* ♯, sensible du ton mineur; et en opérant ainsi sur toutes les gammes majeures, on arrive à la quinzième gamme du mode mineur, qui est celle du ton de *la* ♭ avec sept bémols à la clef.

Je dois faire observer que les signes altératifs qui sont à la clef dans les gammes majeures doivent aussi rester à la clef pour les gammes mineures qui sortent de ces mêmes gammes. Il n'y a que le signe qui fait opérer le changement de gamme et de mode qui, comme signe accidentel, ne se met qu'à la note qu'il doit altérer. Exemple :

Gammes mineures tirées des gammes majeures obtenues avec le secours des dièses.

Gamme du ton de *la* ♮, tirée de celle du ton d'*ut* ♮.

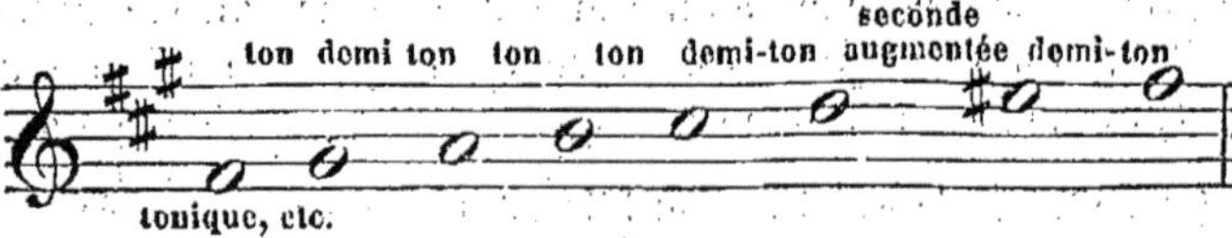

Gamme du ton de *mi* ♮, tirée de celle du ton de *sol* ♮.

Gamme du ton de *si* ♮, tirée de celle du ton de *ré* ♮.

Gamme du ton de *fa* ♯, tirée de celle du ton de *la* ♮.

Gamme du ton d'*ut* ♯, tirée de celle du ton de *mi* ♮.

Gamme du ton de *sol* ♯, tirée de celle du ton de *si* ♮.

Gamme du ton de *re* ♯, tirée de celle du ton de *fa* ♯.

Gamme du ton de *la* ♯, tirée de celle du ton d'*ut* ♯.

Gammes mineures tirées des gammes majeures obtenues avec le secours des bémols.

Gamme du ton de *re* ♮, tirée de celle du ton de *fa* ♮.

Gamme du ton de *sol* ♮, tirée de celle du ton de *si* ♭.

Gamme du ton d'*ut* ♮, tirée de celle du ton de *mi* ♭.

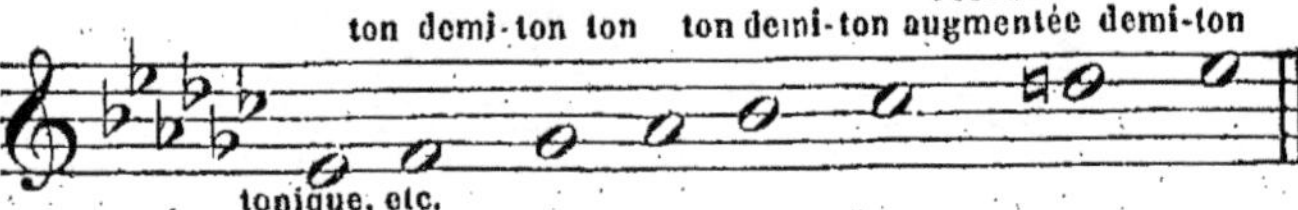

Gamme du ton de *fa* ♮, tirée de celle du ton de *la* ♭.

Gamme du ton de *si* ♭, tirée de celle du ton de *ré* ♭.

Gamme du ton de *mi* ♭, tirée de celle du ton de *sol* ♭.

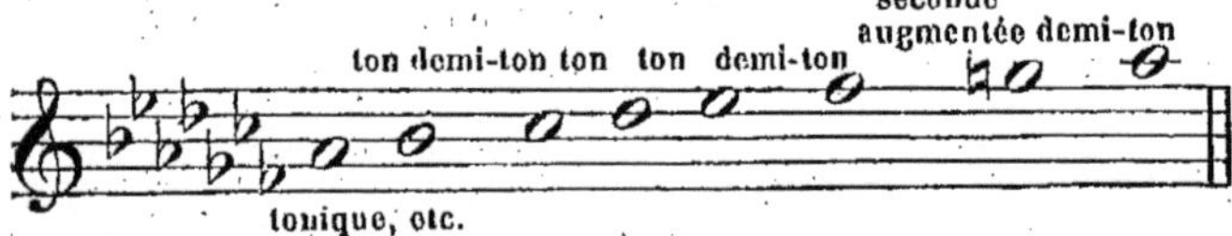

Gamme du ton de *la* ♭, tirée de celle du ton d'*ut* ♭.

§ 36. *D.* Quelle différence y a-t-il entre les gammes du mode majeur et celles du mode mineur?

R. Dans la gamme du mode majeur il y a deux demi-tons dont l'un est placé entre la médiante et la sous-dominante, et l'autre entre la sensible et la tonique aiguë; ou, si vous voulez, entre la tierce et la quarte et entre la

(1) Quand la note qui doit donner un son plus élevé est bémolisée, on met à la place du dièse un bécarre.

septième et l'octave ; tandis que dans les gammes du mode mineur il y a trois intervalles de demi-tons, dont le premier, qui constitue le mode, se trouve de la seconde à la tierce, le second de la quinte à la sixte et le troisième entre la septième et l'octave. Il y a de plus (ce qui n'existe pas dans la gamme du mode majeur) un intervalle de seconde augmentée, lequel se trouve placé entre la sus-dominante et la sensible, c'est-à-dire de la sixte à la septième.

§ 37. *D.* Cet intervalle de seconde augmentée est-il obligé pour la construction de la gamme mineure ?

R. Non, et on peut l'éviter en diésant aussi, mais accidentellement, la sous-dominante de la gamme majeure de laquelle on veut tirer la gamme mineure. Cette sous-dominante, qui devient sus-dominante dans la gamme mineure, se trouvant rendre un son plus élevé d'un demi-ton, diminue par cet effet l'intervalle qui se trouve entre elle et sa seconde supérieure.

D. Quel changement fait encore dans la gamme cette seconde note diésée ?

R. Elle change en intervalle de ton l'intervalle de demi-ton qui se trouvait entre la dominante et la sus-dominante, et rend cette partie élevée de la gamme mineure semblable à celle du mode majeur. Exemple :

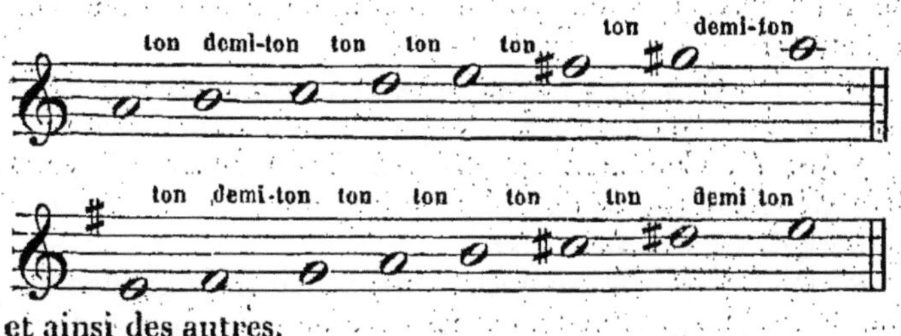

et ainsi des autres.

§ 38. *D.* Ces gammes doivent-elles être de même construction en descendant et en montant ?

R. Celles obtenues par un signe altératif sont de même en descendant qu'en montant ; mais celles obtenues par deux signes perdent en descendant les deux signes altératifs qu'elles prennent en montant. Exemple :

Gamme du ton de *la* ♮, mode mineur, obtenue avec un dièse, ascendante et descendante.

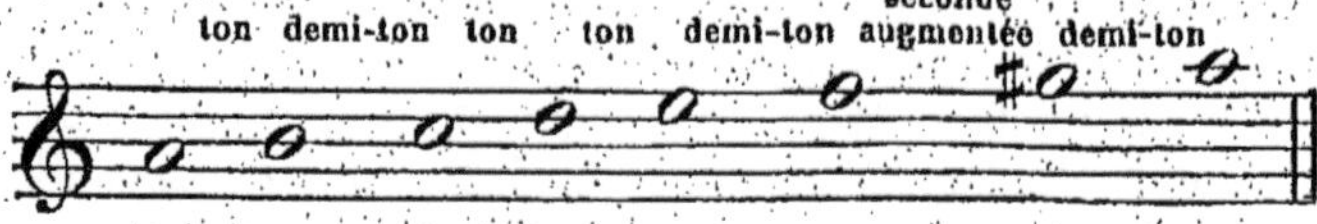

Gamme du ton de *la* ♮, mode mineur, obtenue avec deux dièses, ascendante et descendante.

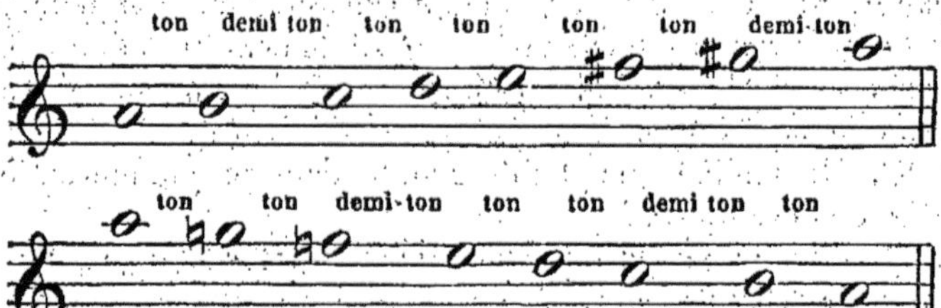

§ 39. *D.* Y a-t-il, dans ces deux manières d'opérer pour obtenir ces gammes, une manière qui soit préférable à l'autre?

R. Non; elles sont toutes deux également bonnes, et le choix de l'une d'elles est à la disposition du compositeur.

§ 40. *D.* Comment appelez-vous les gammes qui, sans être du même ton et du même mode, ont à la clef le même nombre de signes altératifs?

R. On les appelle gammes *relatives*. Ainsi, la gamme du ton de *la*, mode mineur, est relative de celle du ton d'*ut*, mode majeur; celle du ton de *mi*, mode mineur, est relative de celle du ton de *sol*, mode majeur, etc.

D. La même dénomination peut-elle s'appliquer aux gammes du mode majeur en rapport à celles du mode mineur?

R. Oui; ainsi on peut dire : Le ton relatif de celui de *la*, mode mineur, est le ton d'*ut*, mode majeur : le ton relatif de celui de *mi*, mode mineur, est le ton de *sol*, mode majeur, etc. Cette dénomination s'applique aux deux modes par les relations qui existent entre eux, sans pour cela donner à croire que les gammes majeures dérivent de celles mineures.

§ 41. *D.* Comment appelez-vous l'action de passer d'un ton à un autre?

R. Elle s'appelle *moduler*.

D. Qui le premier fit usage des modulations?

R. Ce fut Monteverde, vers la fin du seizième siècle.

D. Peut-on dire qu'on *module* quand on passe d'un mode à l'autre?

R. Oui, quoiqu'on passe de l'un à l'autre sans changer de ton; car c'est aussi faire des *modulations* que de changer de mode.

D. Comment se fait la modulation du mode mineur au mode majeur relatif?

R. Elle se fait en baissant la sensible du mode mineur, laquelle devient dominante du mode majeur relatif.

§ 42. *D.* Quel caractère donne à la musique l'emploi de tel ou tel mode?

R. La musique écrite avec le mode majeur a toujours un caractère *gai*, *majestueux* et *décidé*, tandis que celle écrite avec le mode mineur porte avec elle une teinte *langoureuse*, *mélancolique* et *triste*.

§ 43. *D.* Les morceaux de musique s'écrivant toujours dans le *ton* des gammes, mais ne commençant pas et ne finissant pas toujours comme ces dernières par la *tonique*, comment peut-on reconnaître le *ton* dans lequel ils sont écrits?

R. Pour les morceaux écrits dans le mode majeur, s'il y a des dièses à la clef, la tonique est la note qui se trouve une seconde mineure au-dessus du dernier dièse. Ainsi, comme vous avez dû le voir dans les gammes avec des dièses, lorsque vous n'avez qu'un dièse à la clef, lequel est sur le *fa*, vous êtes dans le ton de *sol*; s'il y en a deux, le dernier étant sur l'*ut*, vous êtes dans le ton de *ré*, etc.

Si, au lieu de dièses à la clef, vous avez des bémols, le dernier est toujours posé sur la sous-dominante du ton dans lequel le morceau est écrit et l'avant-dernier sur la tonique. Ainsi, quand vous n'avez qu'un bémol à la clef, vous êtes dans le ton de *fa*, car ce bémol étant seul, fait l'effet d'un dernier, et en calculant vos intervalles vous voyez qu'il se trouve posé sur la sous-dominante. Si vous en avez deux à la clef, comme ils se trouvent posés sur le *si* et sur le *mi*, vous êtes dans le ton de *si*; ainsi de suite.

Il est encore une remarque que vous avez pu faire lors de l'exposition des gammes avec des bémols; c'est que la tonique se trouve toujours à distance d'une *quinte majeure* du dernier bémol.

Quant aux morceaux écrits dans le mode mineur, il y a, pour reconnaître le ton, un moyen qui s'applique également à ceux écrits avec des dièses et à ceux écrits avec des bémols. Il consiste dans cette seule remarque, que la tonique du mode mineur est toujours à distance de tierce mineure au-dessous de la tonique du mode majeur relatif. Mais, pour être dans ce mode, il faut, comme vous l'avez vu dans les gammes lui appartenant, que la dominante du mode majeur relatif soit accidentellement diésée, parce que ce n'est que par cette altération que cette note peut devenir sensible du nouveau ton, et que ce changement de mode peut s'opérer. Cependant, avec un peu d'habitude et d'exercice, l'audition du premier accord suffit pour indiquer en quel *mode* et en quel *ton* vous êtes (1).

§ 44. *D.* Doit-on toujours *noter* (écrire la musique) ou exécuter la musique dans le ton indiqué par le compositeur?

R. Non; quelquefois on est forcé d'en choisir un autre, quand, par exemple, on devra exécuter cette musique sur un instrument autre que celui pour lequel elle aura été écrite. Ainsi, un morceau écrit en *ut* ♮ peut, selon le besoin, être transcrit soit en *ré*, soit en *mi*, etc.; mais il est bien entendu que le mode doit rester le même, c'est-à-dire que si le morceau est dans le mode majeur on doit le transcrire

____

(1) On peut encore faire cette remarque : quand il y a des dièses à la clef, la tonique est un dégré au-dessous du dernier, et s'il y a des bémols, cette tonique est toujours une tierce majeure au-dessus du dernier.

dans le mode majeur, et s'il est écrit dans le mode mineur il doit être transcrit dans celui-ci.

Ces fragmens de gammes peuvent en donner une idée et montrer aussi que ces changemens de tons obligent à avoir à la clef plus ou moins de signes altératifs. Exemple :

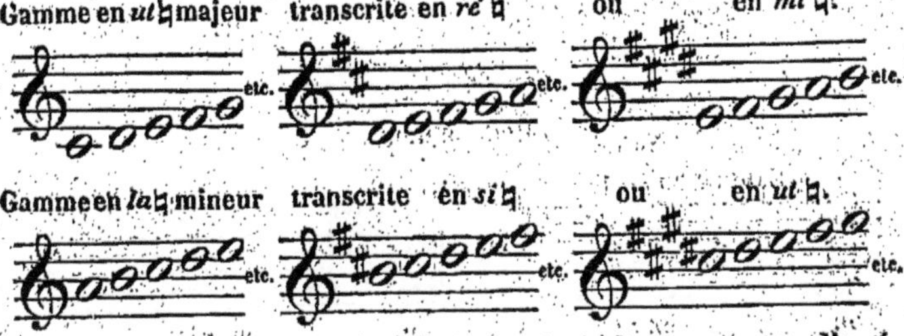

D. Comment s'appelle cette action de noter ou d'exécuter la musique dans un ton autre que celui dans lequel elle a été écrite par le compositeur?

R. On l'appelle *transposition.*

D. Peut-on *transposer* et conserver les notes dans la position indiquée par le compositeur?

R. Oui, on le peut avec le secours des clefs; mais je ferai observer que par ce secours, non-seulement vous changez de ton, mais vous changez aussi de diapason, c'est-à-dire que les sons donnés ne sont pas seulement plus élevés ou plus graves d'une seconde, d'une tierce, etc., mais souvent d'une quinte, d'une octave, d'une douzième, etc. Exemple :

Transposition.

Mode majeur.

(1) J'indique la tonique naturelle comme j'aurais pu en indiquer une altérée en mettant à la clef les signes qui lui sont propres.

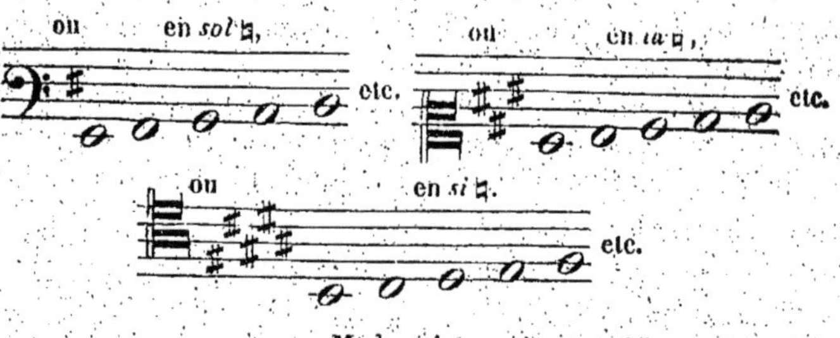

Mode mineur.

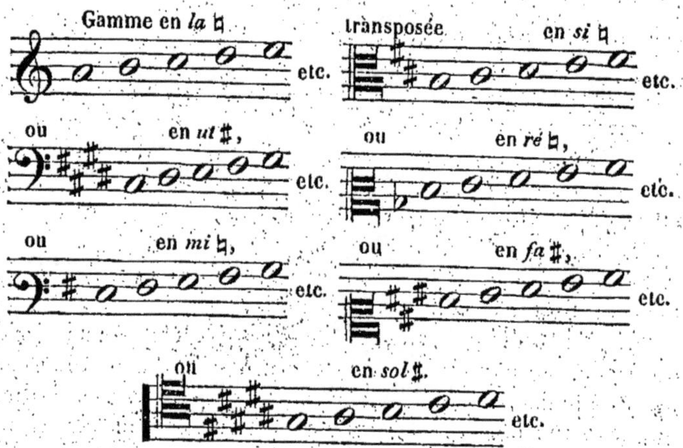

D. Quand on veut transposer un morceau doit - on toujours le transcrire avant l'exécution ?

R. Il vaut mieux prendre l'habitude de transposer en exécutant, et avec un peu d'exercice on y parvient, soit en pensant qu'on doit exécuter une seconde, une tierce supérieure ou inférieure de la note écrite, ou, ce qui vaut mieux, en se figurant une autre clef au commencement de la portée.

D. Est - il indifférent de transposer ou d'exécuter la musique dans le ton indiqué par l'auteur ?

R. Non ; la transposition, qui altère toujours d'une manière plus ou moins sentie le caractère du morceau, ne doit être employée que forcément.

§ 45. *D.* Les notes s'écrivent-elles toutes de la même

manière, c'est-à-dire ont-elles toutes la même figure?

R. Non; il existe entre elles une différence dans la manière de les écrire, et cette différence est ce qu'on appelle *valeur de note*, *valeur de temps* ou simplement *valeur*.

D. Pourquoi ces différentes figures dans les notes?

R. Afin de pouvoir indiquer les sons qui doivent être plus ou moins prolongés.

D. Combien y a-t-il de valeurs de notes?

R. Il y en a sept, lesquelles sont : la *ronde*, la *blanche*, la *noire*, la *croche*, la *double-croche*, la *triple-croche*, et la *quadruple-croche*. Exemple :

Valeurs des notes.

D. Quelle est la valeur comparative qui existe entre elles?

R. La ronde, note qui a le plus de valeur, vaut deux blanches, ou quatre noires, ou huit croches, ou seize doubles-croches, ou trente-deux triples-croches, ou soixante-quatre quadruples-croches (1).

La blanche, qui est la seconde partie de la ronde, vaut deux noires, ou quatre croches, ou huit doubles-croches, ou seize triples-croches, ou trente-deux quadruples-croches.

La noire, qui est la quatrième partie de la ronde, vaut deux croches, ou quatre doubles-croches, ou huit triples-croches, ou seize quadruples-croches.

La croche, qui est la huitième partie de la ronde, vaut deux doubles-croches, ou quatre triples-croches, ou huit quadruples-croches.

(1) Il y a une valeur peu usitée, mais qu'il n'est pas inutile de connaître ; cette valeur est la *carrée ;* elle vaut deux rondes et se représente ainsi : ▬ ou ⎮O⎮.

La double-croche, qui est la seizième partie de la ronde, vaut deux triples-croches, ou quatre quadruples-croches.

La triple-croche, qui est la trente-deuxième partie de la ronde, vaut deux quadruples-croches. Exemple :

La ronde et ses subdivisions.

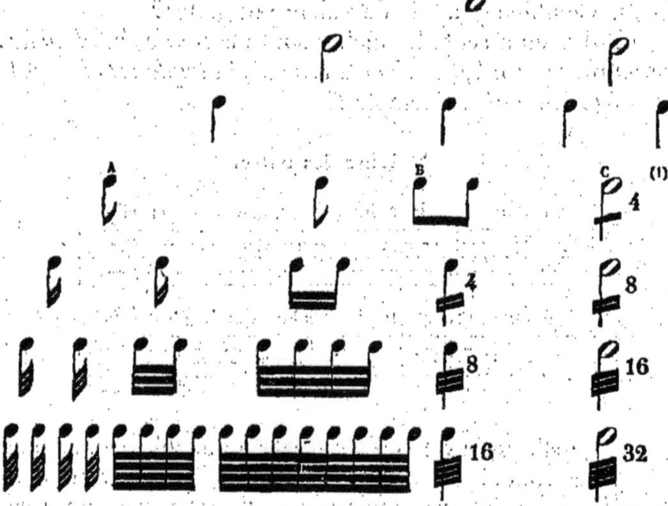

(1) Quand une note barrée est seule, on indique sa valeur comme à la lettre A. Quand il y en a plusieurs, on les groupe comme à la lettre B, et, quand on en a un plus grand nombre à indiquer, on le peut par abréviation comme à la lettre C. Pour plus de clarté, j'indique par des chiffres, pour la subdivision de la ronde seulement, le nombre de valeurs représentées par les barres. Ces abréviations s'indiquent de même avec la ronde en mettant les barres au-dessus ou au-dessous.

Par fois on rencontre des blanches liées entre elles, par une, par deux, par trois ou par quatre barres. L'exécution de ces notes, dont le mouvement à donner est marqué en abréviation, ne se fait pas comme elle paraît indiquée par la position de ces notes ; par exemple : si deux blanches représentant *ut mi*, sont attachées par des barres demandant la valeur de la double-croche, vous ne ferez pas d'abord huit *ut*, puis ensuite huit *mi* ; vous alternerez au contraire l'apparition de ces deux notes, c'est-à-dire que vous ferez *ut mi, ut mi, ut mi*, etc., dans le mouvement indiqué par les barres, le temps que doivent durer ces deux notes. Cette exécution alternative et rapide produit le tremblement qu'en italien on appelle *tremolo*.

La blanche et ses subdivisions.

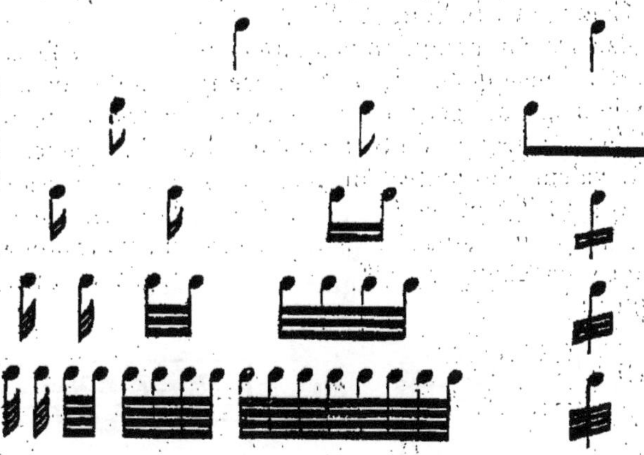

La noire et ses subdivisions.   La croche et ses subdivisions.

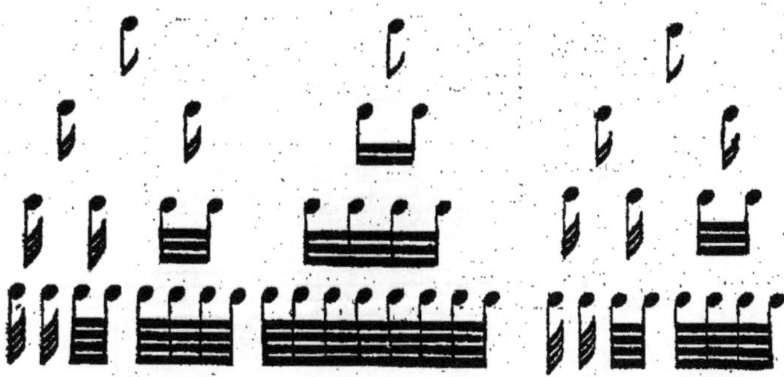

Double-croche et ses subdivisions.   Triple-croche et sa subdivision.

§ 46. *D.* Ces valeurs sont-elles toujours les mêmes?

R. Non; il est des cas où elles se trouvent changées, mais ce sont des exceptions qui sont toujours indiquées.

D. Comment s'indiquent-elles?

R. Par des chiffres qu'on met au-dessus des notes faisant exception. Ainsi quand il faut passer trois notes dans la valeur de deux, on met un 3 au-dessus des notes, lesquelles se rangent en groupe de trois; quand il en faut passer six dans la valeur de quatre, on met un 6 au-dessus des six notes; quand il faut en passer neuf dans la valeur de six, on met un 9 au-dessus des neuf notes; et ainsi, toutes les fois que sans changer la figure vous changez la valeur. Exemples :

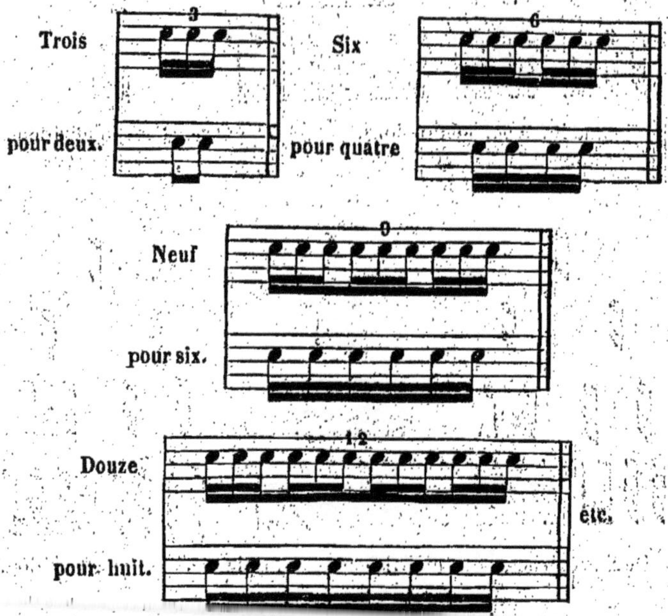

D. Comment nomme-t-on le groupe de trois notes?

R. On le nomme *triolet*, et les groupes de six, de neuf, et de douze notes n'étant autres que des groupes de trois notes, liés entre eux, comme on a dû le voir dans les exemples ci-dessus, portent aussi le nom de *triolets*.

D. A qui doit-on l'invention des valeurs et leur modification?

R. Francon de Cologne, qui vivait au onzième siècle, est regardé comme l'inventeur des valeurs. Au quatorzième siècle *Jean de Muris* en modifia quelques-unes, et elles furent définitivement fixées ce qu'elles sont aujourd'hui, au commencement du dix-septième siècle (1).

§ 47. *D.* Toutes ces notes n'ont-elles pas des signes qui leur répondent en valeur, lesquels indiquent la durée des repos, quand les sons cessent de se faire entendre?

R. Oui, et ces signes qu'on nomme *silences* sont, comme les valeurs qu'ils représentent, au nombre de sept, savoir, la *pause*, la *demi-pause*, le *soupir*, le *demi-soupir*, le *quart de soupir*, le *huitième de soupir* et le *seizième de soupir*. Exemples :

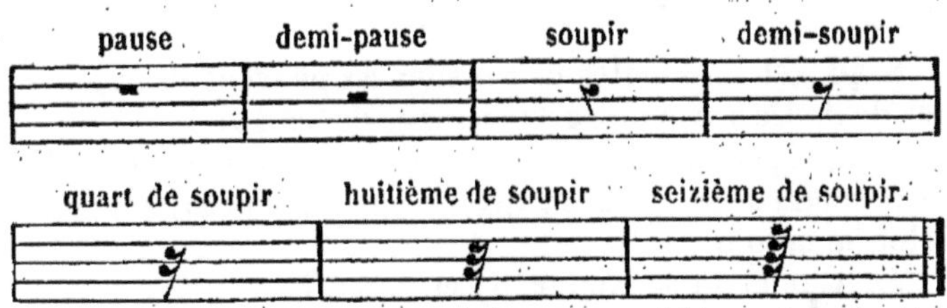

D. Quelles valeurs représentent-ils?

R. La pause représente la valeur de la ronde; ce signe représente aussi le silence de toute mesure entière quelque soit le nombre de temps; la demi-pause représente la valeur de la blanche, le soupir représente celle de la noire, le demi-soupir représente celle de la croche, le quart de soupir représente celle de la double-croche, le huitième de soupir représente celle de la triple-croche, et le seizième de soupir représente la valeur de la quadruple-croche. Exemple :

(1) Au seizième siècle les valeurs avaient encore des formes carrées et losanges.

Silences et les valeurs correspondantes.

D. N'y a-t-il pas des signes qui représentent des repos de plus longues durées ?

R. Oui, il y en a qu'on nomme *bâtons* ; mais ces signes sont toujours surmontés de chiffres indiquant le nombre de mesures qu'ils représentent. Exemple :

Bâtons.

2 mesures 4   8   16   18   20   etc.

§ 48. *D.* Ces notes et ces silences peuvent-ils augmenter de durée sans pour cela changer de figure ?

R. Oui, en mettant à côté de la note ou du silence qu'on veut augmenter, et à sa droite, un ou plusieurs points, selon le besoin.

D. Comment se nomment ces points ?

R. Ils se nomment *points d'augmentation.*

D. Quelle est l'augmentation de durée que donnent ces points ?

R. Le premier augmente la note ou le silence de la moitié de sa valeur, c'est-à-dire qu'il lui donne en sus moitié plus de durée que celle qu'il possède. Ainsi : une ronde pointée vaut trois blanches, une blanche pointée vaut trois noires, une noire pointée vaut trois croches, une croche pointée vaut trois doubles-croches, une double-croche pointée vaut trois triples-croches, et une triple-croche pointée vaut trois quadruples-croches (1).

(1) La quadruple-croche n'ayant pas de valeur au-dessous d'elle ne peut subir l'influence du point ; il est vrai que dans la musique de piano on rencontre par fois des quintuples-croches, mais si rarement qu'il est inutile d'en faire une huitième valeur.

De même une pause pointée vaut une ronde plus une blanche, une demi-pause pointée vaut une blanche plus une noire, un soupir pointé vaut une noire plus une croche, un demi-soupir pointé vaut une croche plus une double-croche, un quart de soupir pointé vaut une double-croche plus une triple-croche, et un huitième de soupir pointé vaut une triple-croche plus une quadruple-croche. Exemple :

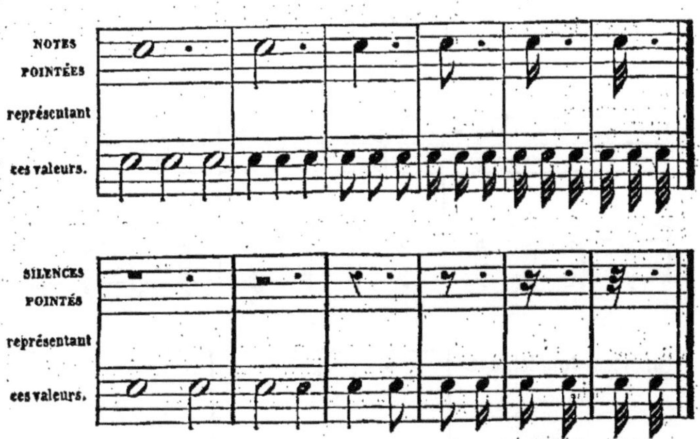

Le second point, lequel n'agit pas directement sur la note, mais bien sur le premier point, donne à celui-ci moitié plus de durée en sus de celle qu'il a déjà. Ainsi : une ronde pointée doublement vaut trois blanches plus une noire, une blanche pointée doublement vaut trois noires plus une croche, une noire pointée doublement vaut trois croches plus une double-croche, une croche pointée doublement vaut trois doubles-croches plus une triple-croche, et une double-croche pointée doublement vaut trois triples-croches plus une quadruple-croche. De même : une pause pointée doublement vaut une ronde, une blanche plus une noire ; une demi-pause pointée doublement vaut une blanche, une noire plus une croche ; un soupir pointé doublement vaut une noire, une croche plus une double-croche ; un demi-soupir pointé doublement vaut une croche, une double-croche plus une triple-croche; et un quart de soupir pointé doublement vaut une double-croche, une triple-croche, plus une quadruple-croche. Exemple (1) :

D. Si le besoin d'un troisième point se faisait sentir, quelle serait son influence ?

(1) Ces points d'augmentation font partie des innovations apportées par Francon.

R. Attendu qu'un point ne donne jamais que moitié de valeur en sus et qu'il n'agit directement que sur ce qui lui est le plus proche, ce troisième point augmenterait le second de la moitié de sa valeur. Exemple (1) :

Trois points d'augmentation.

§ 49. *D.* N'y a-t-il pas des cas où ces notes et ces silences ont une valeur plus ou moins longue mais non déterminée ?

R. Oui, et ces cas sont indiqués par un point surmonté d'un *demi-cercle*, ainsi figuré ⌒ qu'on pose au-dessus de la note ou du silence dont on veut prolonger la durée, laquelle ne dépend plus alors que du goût et de la manière de sentir de l'exécutant. Exemple :

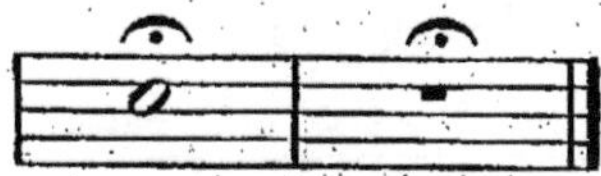

D. Comment se nomme ce point ?

R. Il se nomme *point d'orgue*, ou *point de repos*, ou *point d'arrêt*.

D. Quelle est sa propriété, sous ces trois dénominations ?

R. Ce signe, comme *point d'orgue*, indique qu'à l'endroit où il se trouve placé, l'instrumentiste (comme solo) où le chanteur, peut introduire un trait brillant pouvant faire valoir son talent. Autrefois l'école italienne terminait ainsi ses grands airs de bravoure ; elle appelait ce signe *cadenza*.

(1) Il est inutile de dire pourquoi telle ou telle valeur ne peut recevoir qu'un ou deux points ; le plus simple raisonnement de la part de l'élève en fera connaître le motif.

7

Comme *point de repos*, ce signe indique qu'il faut prolonger la durée de la note ou du silence qu'il couvre, sans avoir égard à la mesure.

Comme *point d'arrêt*, lorsqu'il est placé sur un silence précédé d'une note brève, amenée par un mouvement rapide et fort, il indique que la note qui précède ce silence doit être coupée, c'est-à-dire interrompue brièvement.

§ 5o. *D.* Le plus ou moins de durée que ce signe donne aux valeurs ou aux silences est-il absolu ?

R. Non ; il dépend du degré de *vitesse* ou de *lenteur* qu'on doit donner au morceau de musique.

D. Comment se nomme ce degré de vitesse ou de lenteur, et comment s'indique-t-il ?

R. Il se nomme *mouvement*, et ce dernier subit encore l'influence du rhythme, il s'indique par des termes italiens au commencement de chaque pièce de musique, et même dans le courant de ces pièces si elles demandent à changer de mouvement.

§ 5i. *D.* Dites-moi ce que vous appelez *rhythme* et donnez m'en des exemples ?

R. On appelle ainsi l'animation ou le mouvement donné par le retour périodique de mêmes valeurs ou de mêmes dessins de valeurs. Exemples :

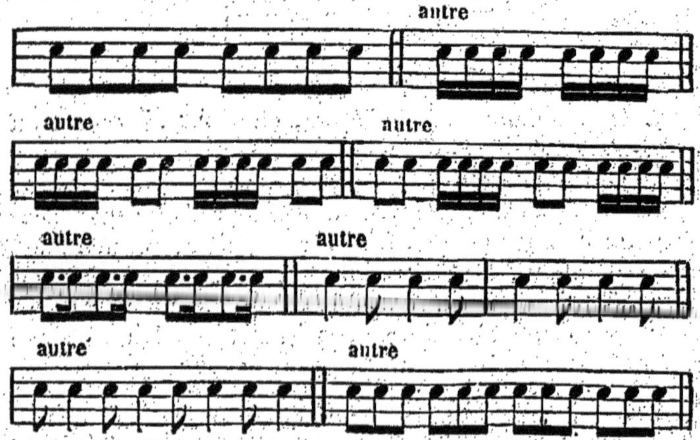

D. A qui doit-on l'introduction d'un rhythme régulier dans la musique ?

R. A Monteverde qui fut obligé de lutter contre le mauvais vouloir des musiciens de son époque, pour ses innovations et découvertes (2).

§ 52. *D.* Quels sont les termes italiens servant à indiquer le mouvement à donner aux valeurs ?

R. Ces termes étant en assez grand nombre je me contenterai d'indiquer les principaux, lesquels se rencontrent le plus ordinairement.

(1) Le tambour est l'instrument par excellence pour marquer et pour donner une idée du rhythme. Cet instrument ne possède qu'une note ; mais le retour symétrique et périodique des différens coups de baguette a tellement de puissance que par lui le militaire sent sa marche s'animer et devenir moins pénible.

(2) « Ce n'était point assez pour Monteverde d'avoir créé une tona-
» lité, une harmonie, d'avoir découvert l'accent des passions, et d'y
» avoir joint le coloris de l'instrumentation; sa lumineuse pensée conçut
» aussi la nécessité d'un rhythme régulier...... Ce ne fut pas sans résis-
» tance non plus que Monteverde parvint à faire triompher ses idées sur
» cette importante faculté de l'art. Cet homme était né pour les décou-
» vertes, mais chacune de ses conquêtes lui valut une guerre...... »

FÉTIS, *Résumé philosophique de l'Histoire de la musique.*

Indication des mouvemens.

TERMES ITALIENS.	SIGNIFICATIONS.
Largo.	Mouvement le plus lent.
Larghetto.	Un peu moins lent.
Adagio.	Moins lent.
Lento.	Comme *adagio.*
Andante.	Moins lent.
Andantino.	Moins lent qu'*andante.*
Prestissimo.	Très-vite.
Presto.	Moins vite.
Vivace.	Vif, gai et animé.
Allegro.	Gai et moins vif que *presto.*
Allegretto.	Moins vif qu'*allegro*, plus qu'*andante.*
Allegramente.	Gaîment.
Agitato.	Délirant et passionné.
Con brio.	Brillamment.
Maëstoso.	Majestueux et solennel.
Tempo di marcia.	Mouvement de marche.
Tempo di minuetto.	Mouvement de menuet, avec légèreté.
Commodo.	Commodément.
Moderato.	Modérément.
Lamentabile.	Avec tristesse.
Amoroso.	Tendrement et passionné.
Rallentando.	En ralentissant.
Diminuendo.	En diminuant.
Assai, molto.	Plus, beaucoup.
Scherzando	En badinant.
Con expressione.	Avec expression.
Piu mosso.	Plus animé.

D. Est-ce qu'on ne pourrait pas indiquer le mouvement d'une manière moins vague et plus déterminée que par ces diverses expressions ?

R. On le peut au moyen d'un pendule qu'on nomme *métronome*, dont le balancier marque les temps plus ou moins vite selon qu'on aura monté ou descendu plus ou moins son contre-poids. Il est à regretter que ce pendule ne soit pas employé davantage par les compositeurs pour l'indication des mouvemens de leurs œuvres. Le mouvement de l'auteur est si précieux pour l'exécution d'un morceau (1)!

§ 53. *D.* Les valeurs ne sont-elles dépendantes que des indications de mouvemens?

R. Non; elles dépendent encore de la *mesure* sans laquelle la musique ne produirait que des sons vagues et dépourvus de sens.

D. Qu'appelez-vous mesure?

R. On appelle ainsi la division des valeurs en parties égales en durée, séparées par de petites barres perpendiculaires qu'on nomme *barres de mesures* (2); cette division se subdivise en parties égales aussi en durée, qu'on nomme *temps*, lesquels se distinguent en *temps forts* et *temps faibles*, et qui se battent avec le pied ou la main.

D. Y a-t-il plusieurs espèces de mesures?

R. Oui, il y en a de trois espèces, savoir : les *mesures simples*, les *mesures dérivées - simples* et les *mesures dérivées-composées*.

§ 54. *D.* De combien de sortes sont les mesures simples?

R. De trois, savoir : la mesure à *deux temps*, la mesure à *trois temps*, et la mesure à *quatre temps*.

D. Où s'indiquent ces mesures?

R. Au commencement du morceau de musique, sur la portée, après la clef et après les signes altératifs, si la clef en est armée (3).

D. Comment se marquent-elles et comment se battent-elles?

R. La mesure à deux temps se marque par un 2 ou un ₵ barré, la valeur de notes dont se compose chaque mesure doit égaler celle d'une ronde pour la mesure entière et celle d'une blanche pour chaque temps; elle se

(1) Ce pendule, appelé métronome par Maëlzel, n'a été que perfectionné par ce dernier, car il existait au dix-huitième siècle sous le nom de *chronomètre*.

(2) Ces barres ne commencèrent à s'introduire d'une manière régulière que vers 1600.

(3) On dit armer la clef quand on y pose des signes altératifs.

bat ainsi : *frappé* et *levé;* le premier temps est fort et le second est faible.

La mesure à trois temps se marque par un **3** seul; la valeur des notes appartenant à chaque mesure doit égaler celle d'une blanche pointée, et celle d'une noire pour chaque temps; elle se bat ainsi : *frappé, à droite* et *levé;* le premier et le troisième temps sont temps forts et le second est temps faible.

La mesure à quatre temps se marque par un **4** seul ou un **C** ouvert, c'est-à-dire non barré; la valeur de notes pour chaque mesure doit égaler celle d'une ronde pour la mesure entière et celle d'une noire pour chaque temps; elle se bat ainsi : *frappé, à gauche, à droite* et *levé;* le premier et le troisième temps sont temps forts, le second et le quatrième sont temps faibles.

D. Pourquoi appelle-t-on ces mesures, *mesures simples?*

R. C'est parce qu'elles ne se marquent que par un seul chiffre, et qu'une seule valeur est indiquée pour remplir chacune des mesures. Exemple :

Mesures simples.

§ 55. *D.* Quelles sont les mesures dérivées-simples?

R. Toutes celles qui se marquent par deux chiffres l'un au-dessus de l'autre, et dont une seule valeur est indiquée pour former chaque temps.

D. Pourquoi les appelez-vous dérivées?

R. Parce qu'elles tirent leur origine des mesures simples, c'est-à-dire qu'elles dérivent de ces mesures.

D. A quoi servent les deux chiffres?

R. Le chiffre supérieur indique de quelle sorte est la mesure et le nombre de notes qui doivent entrer dans chaque mesure; le chiffre inférieur indique quelle doit être la valeur de ces notes.

D. Combien ces mesures offrent-elles de sortes?

R. Autant que les mesures simples desquelles elles dérivent.

D. Combien la mesure à deux temps a-t-elle de dérivés-simples?

R. Deux, lesquels sont marqués : $\frac{2}{2}\ \frac{2}{4}$. Les deux premiers chiffres vous indiquent qu'il faut deux deuxièmes de ronde pour la mesure entière, et un pour chaque temps, ou la valeur; les deux seconds indiquent qu'il faut deux quarts de ronde pour la mesure entière et un pour chaque temps, ou la valeur. Exemple :

Dérivés-simples de la mesure à deux temps.

D. Combien la mesure à trois temps a-t-elle de dérivés-simples?

R. Trois, lesquels sont marqués ainsi : $\frac{3}{2}\ \frac{3}{4}\ \frac{3}{8}$. Les deux premiers chiffres indiquent qu'il faut trois deuxièmes de ronde pour la mesure entière et un pour chaque temps, ou la valeur; les deux deuxièmes chiffres indiquent qu'il faut trois quarts de ronde pour la mesure entière et un pour chaque temps, ou la valeur; les deux troisièmes chiffres indiquent qu'il faut trois huitièmes de ronde pour la mesure entière et un pour chaque temps, ou la valeur. Exemple:

Dérivés de la mesure à trois temps.

D. Combien la mesure à quatre temps a-t-elle de dérivés-simples?

R. Deux, lesquels sont : $\frac{4}{2}\ \frac{4}{4}$. Les deux premiers chiffres indiquent qu'il faut quatre deuxièmes de ronde pour la mesure entière et un pour chaque temps, ou la valeur ; les deux seconds indiquent qu'il faut quatre quarts de ronde pour la mesure entière et un pour chaque temps ou la valeur. Exemple :

Dérivés-simples de la mesure à quatre temps.

§ 56. *D.* Qu'appelez-vous mesures dérivées-composées ?
R. Toutes celles qui, comme les mesures dérivées-simples, se marquent par plusieurs chiffres ; mais dont les valeurs indiquées pour chacun des temps donnent une composition ternaire (1).

D. Combien la mesure à deux temps a-t-elle de dérivés-composés ?

R. Elle en a deux marqués ainsi : $\frac{6}{4}\frac{6}{8}$. Les deux premiers chiffres indiquent qu'il faut six quarts de ronde pour la mesure entière et trois pour chaque temps, ou la valeur ; les deux seconds indiquent qu'il faut six huitièmes de ronde pour la mesure entière et trois pour chaque temps, ou la valeur. Exemple :

Dérivés-composés de la mesure à deux temps.

D. Combien la mesure à trois temps a-t-elle de dérivés-composés ?

R. Deux se marquant ainsi : $\frac{9}{4}\frac{9}{8}$. Les deux premiers chiffres indiquent qu'il faut neuf quarts de ronde pour la mesure entière et trois pour chaque temps, ou la valeur ; les deux seconds indiquent qu'il faut neuf huitièmes de

(1) Ternaire se dit de la mesure à trois temps, et binaire de celle à deux temps.

ronde pour la mesure entière et trois pour chaque temps, ou la valeur. Exemple :

D. Combien la mesure à quatre temps a-t-elle de dérivés-composés ?

R. Elle en a deux ainsi représentés : $\frac{12}{4}$ $\frac{12}{8}$. Les deux premiers chiffres indiquent qu'il faut douze quarts de ronde pour la mesure entière et trois pour chaque temps, ou la valeur ; les deux seconds indiquent qu'il faut douze huitièmes de ronde pour la mesure entière et trois pour chaque temps, ou la valeur. Exemple :

D. Vous rangez la mesure $\frac{2}{4}$ parmi celles dérivées-simples, et cependant elle donne parfois, à chacun de ses temps, des groupes de composition ternaire.

R. Oui, cela arrive ; mais ces groupes de trois notes forment ce qu'on appelle triolets, dont chaque croche ne représente qu'une douzième partie de la ronde, tandis que dans la mesure dérivée-composée, marquée $\frac{6}{8}$, les croches y sont pour leur valeur réelle.

D. Comment peut-on reconnaître qu'une mesure est à deux, à trois ou à quatre temps ?

R. Quand le nombre de notes indiquées par les chiffres peut se diviser par quatre, la mesure est à quatre temps ; si, ne pouvant se diviser par quatre, il pouvait l'être par deux, la mesure serait à deux temps ; mais si ce nombre ne peut se diviser par aucun de ces deux chiffres, la mesure est nécessairement à trois temps. Les exemples donnés ci-dessus démontrent clairement la vérité de ce raisonnement.

D. Qui le premier indiqua ces différentes manières de marquer la mesure?

R. Ce fut Francon de Cologne.

§ 57. *D.* D'après la division des valeurs en mesures et la subdivision en temps, n'y a-t-il pas des valeurs qui, dans certaines positions, prennent des dénominations particulières?

R. Oui, toutes celles qui se trouvent placées entre deux notes de la moitié de leur valeur, par exemple : une blanche entre deux noires, une noire entre deux croches, une croche entre deux doubles-croches, etc.

D. Comment se nomment les notes qui se trouvent dans de telles positions?

R. Elles se nomment *syncopes*.

D. Pourquoi?

R. Parce que ces notes appartiennent à deux temps, c'est-à-dire que le commencement de ces notes appartient à la fin d'un temps et la fin au commencement d'un autre. Exemple :

D. A quel siècle appartient la première apparition de la syncope?

R. Au quatorzième siècle.

§ 58. *D.* Ne peut-on syncoper que les notes faisant partie d'une même mesure?

R. Non, on peut syncoper des notes appartenant à deux mesures différentes, en se servant d'un signe qu'on nomme *liaison* et qui se figure ainsi ⌒. Ce signe, qui se met au-dessus de deux notes portant le même nom et se posant sur le même degré , indique qu'on ne doit prononcer que la première de ces notes, mais qu'il faut en prolonger le son autant qu'elles doivent durer l'une et l'autre. Exemple :

D. Vous m'avez dit qu'on appelait syncopes toutes notes se trouvant entre deux notes égales chacune à la moitié de leur valeur ; et, dans cet exemple, vous appelez ainsi deux noires entre deux noires, deux croches entre deux croches.

R. Oui, mais cela tient à l'effet de la liaison qui des deux noires fait une blanche et des deux croches une noire.

§ 59. *D.* N'y a-t-il pas un signe semblable à la liaison qu'on nomme *coulé?*

R. Oui, mais celui-là fait partie de ce qu'on appelle *agrémens du chant.*

D. Qu'appelez-vous agrémens du chant?

R. On appelle ainsi ce qui donne aux notes de la variété, du brillant, et enfin tout ce qui peut leur ôter la monotonie qui résulterait d'une seule manière de les rendre.

§ 60. *D.* De combien sont-ils d'espèces?

R. Il serait difficile d'en bien préciser le nombre et de les faire connaître tous ; mais on peut en indiquer dix principaux, savoir : le *détaché,* le *coulé,* le *staccato,* le *port-de-voix,* le *mordant,* le *groupe,* le *trille,* le *brisé,* les *fioritures,* et l'*appoggiature.*

D. A quelle époque et comment les premiers agrémens du chant se sont-ils introduits dans la musique?

R. Au douzième siècle et à la suite des guerres en Terre-Sainte. Ces ornemens sont une imitation de la musique des Orientaux.

D. Comment se représentent et se font ces agrémens?

R. Le *détaché* se représente par des points allongés posés au-dessus des notes qu'on veut détacher ; ces points indiquent que ces notes ne doivent pas être soutenues dans toute leur valeur, qu'on doit les faire comme s'il y avait à côté d'elles des silences qui prennent leur valeur sur les notes détachées. Exemple :

Détaché.

Le *coulé*, qui se marque par un trait courbe comme celui de la liaison et qui se place de même au-dessus des notes, indique que toutes celles qui se trouvent sous lui doivent être faites, en chantant, d'une même articulation, sur le violon, du même coup d'archet, et, sur un instrument à vent, du même coup de langue. Exemple :

Coulé.

Le *staccato* est un détaché extrêmement bref et sec ; il se marque au-dessus des notes par des points ronds surmontés d'un trait courbe ; et quand une phrase entière doit être détachée ainsi, on écrit au-dessus simplement *stac.* Ce qui indique la manière de la rendre. Exemples :

Staccato.

Effet.

Le *port-de-voix* se représente par une petite note formant intervalle disjoint, plus ou moins éloigné, avec la note qui suit, et sur laquelle elle doit se résoudre; il se fait par un coulé léger, partant de la petite note, pour passer sur la note principale en l'anticipant. Quand le port-de-voix part d'en-bas il faut aller du *faible* au *fort*, et le contraire quand il part d'en-haut. Exemple :

Port-de-voix.

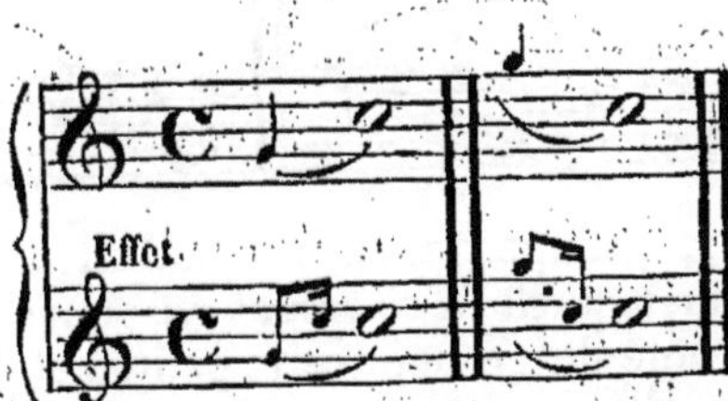

Faible, fort.　　Fort, faible.

Le *mordant* se représente ainsi ~~~; il se fait par deux battemens *brusques*, *vifs* et *secs*, avec la seconde supérieure de la note sur laquelle le mordant est placé. Exemple :

Mordant.

Le *groupe* ou *groupetto* est une réunion de plusieurs petites notes, lesquelles se coulent toujours avec la note principale qui se trouve à leur droite. La valeur de ce groupe se prend quelquefois sur la note qui se trouve à sa droite, et quelquefois sur celle à sa gauche. Cela dépend du caractère du morceau de musique. Exemple :

Groupe ou groupetto.

Lorsque le groupe va en descendant et que la note principale sur laquelle il se résout est supérieure à la dernière petite note du groupe, cette petite note doit toujours former intervalle de demi-ton mineur avec la note principale. Exemple :

Groupe descendant et se résolvant en montant.

Le *brisé* est un groupe de quatre notes qui se représente ainsi ∾; il se place au-dessus de la note avec laquelle il se lie, ou entre deux notes : dans ce dernier cas il se fait avec la note qui le précède. Il se compose de la seconde supérieure de la note principale sur laquelle il est placé, de cette note principale, de la seconde mineure inférieure à cette note principale, et enfin de cette dernière par laquelle il se termine. Son plus ou moins de vitesse dépend du caractère du morceau de musique, c'est-à-dire que si le morceau est lent on doit le faire lentement, et s'il est vif on le fait avec énergie. Exemple :

Le *trille*, improprement nommé *cadence*, se marque ainsi *tr* au-dessus de la note qui doit être trillée; il se fait par des battemens plus ou moins nombreux, et autant de temps que doit durer la note sur laquelle le trille est placé. Ces battemens se font comme au mordant, avec la seconde supérieure, soit majeure, soit mineure; ils ne doivent être faits ni trop vite ni trop lentement, et ils se terminent toujours par une ou plusieurs petites notes, lesquelles annoncent la conclusion du *trille* et se lient toujours avec lui. Il commence presque toujours par la note trillée; le contraire s'indique, et dans ce cas on dit *trille préparé*. Exemple :

Trille.

Dans un passage vif le trille se fait comme le mordant, c'est-à-dire par un ou deux battemens et sans terminaison. Exemple :

Fioritures. On appelle ainsi toute espèce d'ornement, tel que des fractions de gammes par degrés conjoints, disjoints ou chromatiques, plus ou moins longues ; elles s'écrivent par des petites notes. Exemple :

Fioritures.

On ne doit jamais abuser de ces ornemens, car au lieu de donner de l'élégance et de la grâce à une phrase musicale (1), souvent ils l'alourdissent et y jettent de la confusion.

L'*appoggiature* est une petite note sur laquelle on appuie avant d'attaquer la note principale qui la suit et qui doit être attaquée moins fort. Cette petite note peut se mettre au-dessus ou au-dessous de la note principale; mais elle doit toujours former avec cette note un intervalle conjoint. Quand elle est au-dessus, elle peut former intervalle majeur ou mineur; au-dessous, l'intervalle ne peut être que mineur. Quand la note principale qui la suit et qui lui sert de résolution peut se diviser en deux parties égales, la petite note prend toujours la moitié de sa valeur; et quand cette note peut se diviser en trois parties égales, cette petite note en prend les deux tiers. Exemple :

Appoggiature.

(1) Phrase musicale, suite de sons, de deux, de quatre, six, huit mesures formant un sens. Il y a des phrases de trois mesures, mais celles-ci doivent avoir pour correspondantes d'autres phrases du même nombre.

D. Puisque, dans l'exécution, cette petite note a autant de valeur que la note principale et peut même en avoir plus, pourquoi donc ne pas l'écrire telle qu'elle doit être rendue?

R. Quelquefois on l'écrit en représentant sa valeur réelle; mais cette note ne faisant pas partie de l'accord qui doit se trouver sous elle et qui appartient à la note principale, on la représente le plus ordinairement pour cette raison par une petite note.

§ 61. *D.* Qu'appelez-vous accord?

R. On appelle ainsi plusieurs notes échelonnées l'une sur l'autre, lesquelles doivent être frappées simultanément.

D. Combien y-a-t-il d'espèces d'accords dans la gamme?

R. Trois : des *majeurs*, des *mineurs* et un *neutre*.

§ 62. *D.* Quels sont les principaux accords?

R. Ce sont : l'*accord parfait* majeur et mineur, l'accord de la *dominante*, l'accord de la *septième dominante*, l'accord de la *neuvième majeure* et *mineure dominante*, l'accord de la *sensible*, l'accord de la *septième sensible*, et l'accord de la *septième diminuée*.

D. De combien de notes ces accords sont-ils composés et quelles sont ces notes?

R. L'*accord parfait* est composé de trois notes échelonnées par tierce dont l'une est majeure et l'autre mineure; il porte le nom de la note qui lui sert de basse, et si la première tierce est majeure, l'accord est majeur; si au contraire elle est mineure, l'accord est mineur; ainsi, en prenant *ut* pour basse, vous aurez pour accord parfait majeur *ut, mi♮, sol;* l'accord mineur sera *ut, mi♭, sol.* Si vous prenez *ré* pour basse, vous aurez *ré, fa♯, la* pour accord parfait majeur, et *ré, fa♮, la* pour accord parfait mineur. Exemple :

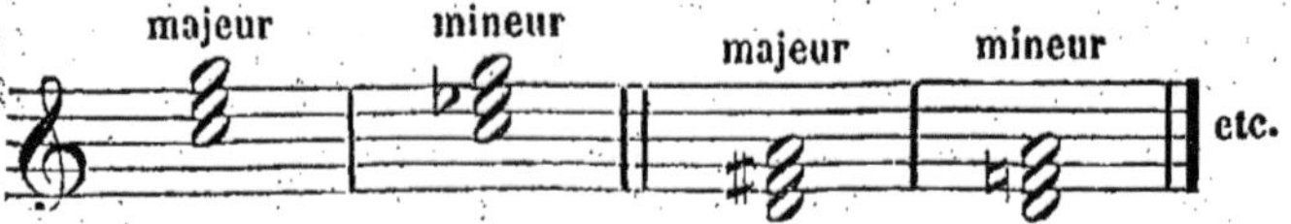

La construction de cet accord se borne donc à cette

règle : une note pour basse, la tierce et la quinte de cette note. Seulement je ferai observer que quand cet accord a la tonique pour note fondamentale, on l'appelle *accord tonique*.

L'accord de la dominante est celui qui a cette note pour basse ; comme l'accord parfait, il se compose de trois notes échelonnées en tierce majeure et mineure.

Prenant le ton d'*ut* pour faire l'exposition de tous ces accords, celui de la dominante sera donc composé de *sol, si* et *ré*. Cet accord est toujours majeur. Exemple :

Accord de la dominante.

En ajoutant à cet accord une tierce mineure au-dessus de *ré*, laquelle est *fa*, septième de *sol*, vous aurez l'accord de la *septième dominante*. Cet accord se compose des quatre notes *sol, si, ré* et *fa*. Exemple :

Accord de la septième dominante.

En ajoutant une tierce majeure ou mineure au-dessus du *fa*, laquelle tierce est *la* ♮ ou *la* ♭ neuvième de *sol*, vous aurez l'accord de la *neuvième dominante*, majeure avec le *la* ♮ et mineure avec le *la* ♭. Cet accord, à l'inverse des accords parfaits, tire sa qualité de majeur ou mineur de sa dernière tierce, c'est-à-dire de sa tierce la plus élevée. Exemple :

Accord de la neuvième majeure et mineure de la dominante.

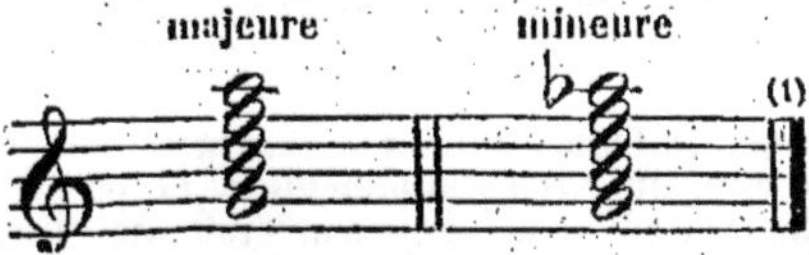

L'accord de la sensible se compose de trois notes éche-

(1) Cet accord s'emploie dans les deux modes.

lonnées par tierces mineures et ayant la sensible pour note fondamentale (1). Cet accord n'est autre que celui de la septième dominante privé de sa note fondamentale. Exemple :

Accord de la sensible.

Cet accord, en égard à sa première tierce, pourrait être classé parmi les accords mineurs; mais sa seconde tierce, étant aussi mineure, lui donne une construction à part, ce qui oblige à le caser dans une catégorie particulière. Aussi a-t-il reçu différentes dénominations : les uns l'appellent *accord favori*, à raison du charme qu'il cause lorsqu'on le fait entendre; d'autres l'appellent *accord neutre*, comme n'appartenant à aucun mode : il a reçu aussi le nom d'accord de *quinte diminuée;* mais cette qualification est fausse, attendu que la quinte *si, fa,* est mineure, qu'elle est le renversement de la quarte *fa, si,* et qu'une quarte majeure renversée produit une quinte mineure, et enfin qu'un intervalle ou accord ne peut être augmenté ou diminué sans le secours des signes altératifs.

En ajoutant à cet accord une tierce majeure au-dessus du *fa,* laquelle tierce vous donnera le *la* ♮, septième de *si,* vous aurez l'accord de la *septième sensible,* qui n'est autre que celui de la neuvième majeure dominante privé de sa note fondamentale. Exemple :

Accord de la septième sensible.

(1) Quand les notes fondamentales de l'harmonie sont à la même partie, cette dernière s'appelle *basse fondamentale.* Le premier qui en a posé la règle est Rameau de Dijon, dans son Traité de l'harmonie en 1722, Les modifications qui ont été apportées à son système, depuis son époque, l'ont complétement changé. On dit aussi *basse continue,* quand cette basse dure toute une pièce de musique : nous devons cette dernière à Louis Viadana, moine de l'observance, qui vivait en 1603.

En baissant d'un demi-ton le *la* de cet accord, vous aurez l'accord de la *septième diminuée*, lequel est le même que celui de la neuvième mineure dominante, privé de sa note fondamentale. Exemple :

Accord de la septième diminuée.

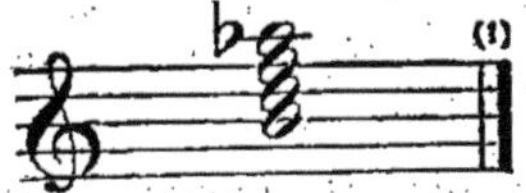

§ 63. *D.* Les accords ne sont-ils pas aussi, comme les intervalles, susceptibles d'être renversés, mais sans pour cela changer de nom, quoique n'ayant plus la note fondamentale à la basse ?

R. Oui, les accords sont susceptibles d'être renversés et ces renversemens se font aussi comme pour les intervalles, en portant la note basse à l'aigu ou la note aiguë au grave; mais, dans ce cas, les notes qui composent l'accord ne sont plus régulièrement échelonnées par tierce, et c'est cette disposition qui fait reconnaître qu'un accord n'est pas dans son *état direct*. On dit qu'un accord est dans son état direct quand il a la note fondamentale à la basse et que les autres notes sont échelonnées par tierce.

D. Combien ces accords ont-ils de renversemens ?

R. Les accords de trois notes en ont deux, les accords de quatre notes en ont trois, et les accords de cinq notes, qui sont ceux de la neuvième dominante, n'en ont également que trois, attendu que la neuvième, devant toujours se trouver à distance de neuvième de la note fondamentale, ne se renverse pas.

D. Faites-moi l'exposition de tous ces renversemens.

R. L'*accord parfait*, majeur ou mineur, a pour basse à son premier renversement sa *tierce*, et au second sa quinte. Exemple :

(1) Cet accord peut s'employer dans les deux modes

Accord parfait et ses renversemens.

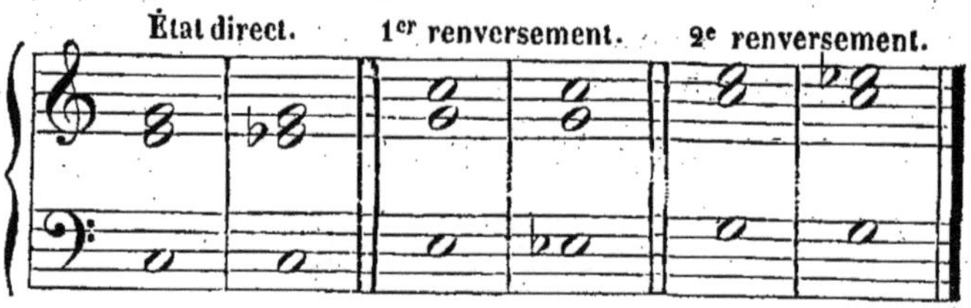

État direct.   1er renversement.   2e renversement.

Comme l'accord parfait, *l'accord de la dominante* a pour basse à son premier renversement sa tierce, et à son second sa quinte. Exemple :

Accord de la dominante et ses renversemens.

Etat direct.   1er renversement.   2e renversement.

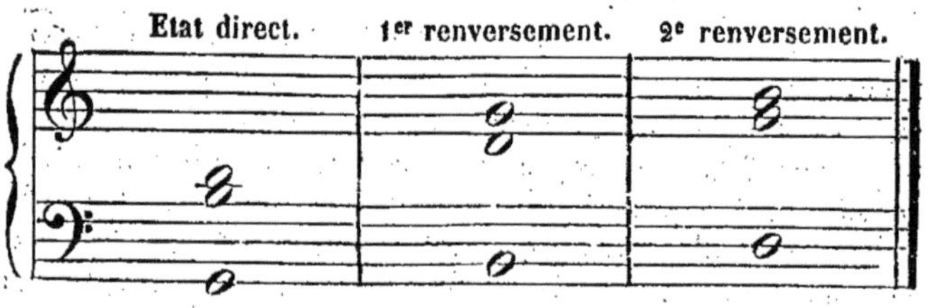

L'accord de la septième dominante a pour basse à son premier renversement sa *tierce*, à son second sa *quinte*, et à son troisième il a sa *septième*. Exemple :

Accord de la septième dominante et ses renversemens.

Etat direct.   1er renversem.   2e renversem.   3e renversem.

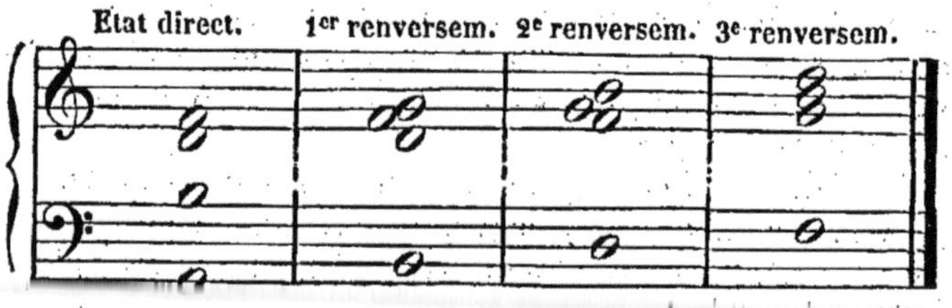

L'accord de la neuvième majeure dominante a pour note de basse à son premier renversement sa *tierce*, à son second il a sa *quinte*, et à son troisième il a sa *septième*; la neuvième, ne se renversant pas, reste dans sa position numérique en regard de la note fondamentale. Exemple :

Accord de la neuvième majeure dominante et ses renversemens.

Etat direct.　　1er renversem.　2e renversem.　3e renversem.

L'*accord de la neuvième mineure dominante* a pour
basse à ses renversemens les mêmes notes que celui de la
neuvième majeure de la dominante. Ces renversemens sont
aussi du même nombre. Exemple :

**Accord de la neuvième mineure de la dominante et ses renver-
semens.**

Etat direct.　　1er renversem.　2e renversem.　3e renversem.

L'*accord de la sensible*, qui n'est composé que de trois
notes, a comme les accords parfaits et de dominante, pour
note de basse à son premier renversement, sa *tierce*, et à
son second sa *quinte*. Ce dernier renversement produit
l'accord qu'on appelle *triton*, à cause de la quarte *fa*, *si*,
composée de trois tons. Exemple :

Accord de la sensible et ses renversemens.

Etat direct.　　　1er renversement.　2e renversement.

triton

L'accord de la septième de la sensible a pour note de basse à son premier renversement sa *tierce*, à son second sa *quinte* et à son troisième sa *septième*. Exemple :

Accord de la septième de la sensible et ses renversemens.

État direct.   1er renversem.   2e renversem.   3e renversem.

(1)

Quant à *l'accord de la septième diminuée*, les notes basses de ses renversemens, sont les mêmes que celles des renversemens de l'accord de la septième sensible. Exemple :

Accord de la septième diminuée et ses renversemens.

État direct.   1er renversem.   2e renversem.   3e renversem.

§ 64. *D.* Une seule note placée à la basse peut-elle suffire pour indiquer les accords ?

R. Oui, mais on est obligé de mettre au-dessus de cette note des chiffres dont la propriété est d'indiquer l'espèce d'accord, et si cet accord est ou non dans son état direct.

D. Comment s'appelle cette indication des accords ?

R. Elle s'appelle *basse chiffrée.*

D. A qui en attribue-t-on l'invention ou du moins qui le premier donna des règles sur la signification de ces chiffres ?

R. Ce fut Alexandre Guidotti qui vivait en 1600.

§ 65. *D.* Indiquez-moi la manière de chiffrer.

R. L'accord *parfait* dans son *état direct* s'indique

(1) Ce renversement doit toujours être préparé.

par $\frac{5}{3}$ ou par 5 seul, le *premier renversement* par $\frac{6}{3}$ ou par 6 seul et le *second renversement* par $\frac{6}{4}$. Si cet accord est mineur, on met un bémol au chiffre représentant la tierce. Exemple :

Accord parfait chiffré.

$$\frac{5}{3}\ \text{ou}\ 5 \qquad \frac{6}{3}\ \text{ou}\ 6 \qquad \frac{6}{4} \qquad \flat\frac{5}{3}\ \text{ou}\ \flat\overset{5}{} \qquad \frac{6}{3}\ \text{ou}\ 6 \qquad \flat\frac{6}{4}$$

L'accord de la dominante se chiffrant comme l'accord parfait majeur, attendu que comme lui il n'est composé que de trois notes échelonnées dans le même ordre, je crois inutile d'en donner des exemples.

L'accord de la septième dominante dans son *état direct* s'indique par un 7; le *premier renversement* par $\frac{6}{5}$, en ayant soin de traverser le 5 d'une petite barre s'inclinant de droite à gauche pour indiquer la quinte mineure; le *second renversement* s'indique par $\frac{4}{3}$; et le *troisième* par $\times$ surmonté d'une petite croix indiquant la quarte majeure, ou simplement 2. Exemple :

Accord de la septième dominante chiffré.

$$7 \qquad \frac{6}{5} \qquad \frac{4}{3} \qquad \frac{+}{2}\ \text{ou}\ 2$$

L'accord de la neuvième majeure dominante dans son *état direct* s'indique par $\frac{9}{7}$; son *premier renversement* par $\frac{7}{6}$ ou $\frac{14}{6}$, son *second* par $\frac{6}{4}$ ou $\frac{6}{4}$, son *troisième* par $\frac{6}{4}$ ou $\frac{10}{6}$. La seconde manière de chiffrer est préférable : elle indique mieux la position de la neuvième. Exemple :

Accord de la neuvième majeure dominante chiffré.

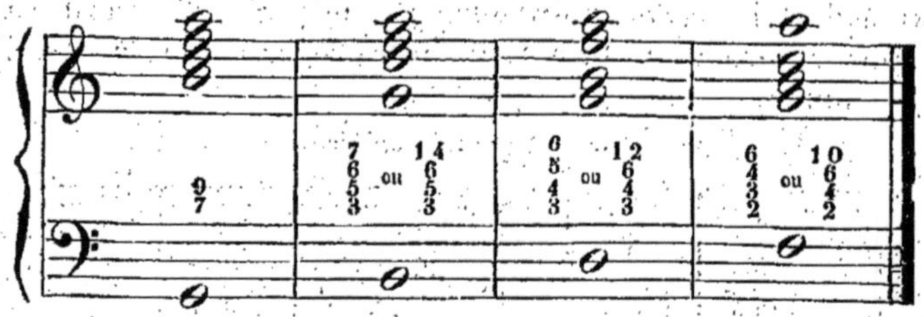

L'*accord de la neuvième mineure dominante* se chiffre
dans son *état direct* et ses *renversemens* comme l'accord de
la neuvième majeure dominante; seulement on a soin dans
le mode majeur de mettre un bémol au chiffre indiquant la
neuvième mineure, et dans le mode mineur de mettre,
outre un bémol au chiffre indiquant cette note, une croix
ou un dièse au chiffre qui représente la tierce de la note
fondamentale. Exemple :

Accord de la neuvième mineure dominante chiffré.

Mode majeur.

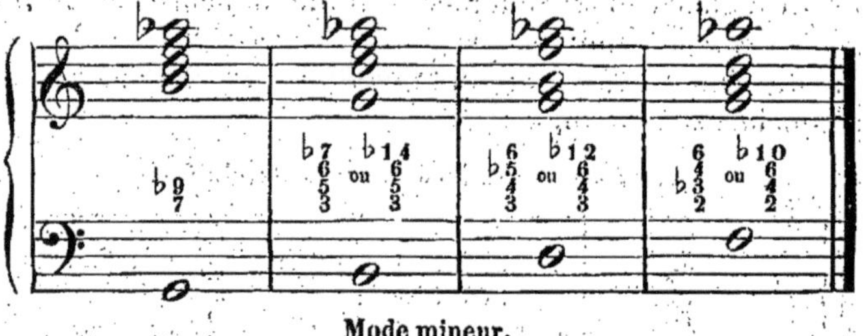

Mode mineur.

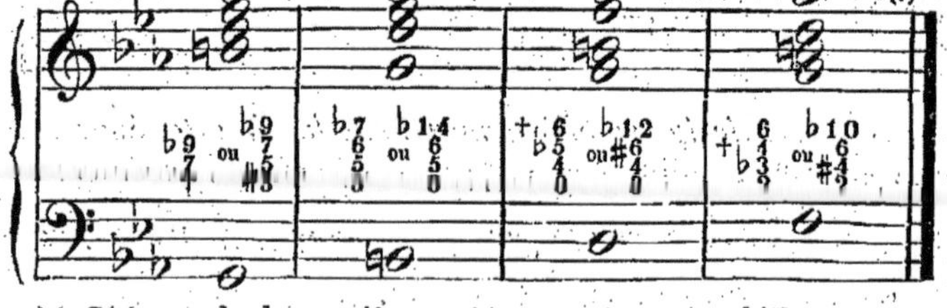

(1) Ces accords de neuvième majeure et mineure se chiffrent souvent
dans l'état direct et les deux premiers renversemens avec le chiffre
inférieur de moins.

L'*accord de la sensible*, n'étant composé que de trois notes, se chiffre comme l'accord parfait; mais ces trois notes s'échelonnant par tierces mineures, on a soin de barrer le 5 indiquant l'*état direct*, pour avertir que la quinte doit être mineure. Au *premier renversement* on met une croix au chiffre indiquant la sensible, et au *second renversement* on met aussi une croix au chiffre représentant cette note, pour indiquer la quarte majeure. Exemple :

Accord de la sensible chiffré.

L'*accord de la septième sensible* dans son *état direct* s'indique par $\frac{7}{5}$; le *premier renversement* s'indique par $\frac{\times 6}{5}$, le *second* par $\times\frac{6}{4}{3}$ et le *troisième* par $\times\frac{6}{4}$ ou $\times 2$.

Accord de la septième sensible chiffré.

L'*accord de la septième diminuée* se chiffre dans son *état direct* et *ses renversemens* comme celui de la septième sensible; seulement il faut mettre un bémol au chiffre indiquant la note diminuée, ou traverser ce chiffre d'une barre s'inclinant de droite à gauche et mettre une croix au chiffre qui représente la sensible. Exemple :

Accord de la septième diminuée chiffré.

D. Si la basse change de notes sans changer d'accord, est-on obligé de mettre de nouveaux chiffres au-dessus des notes?

R. Non, mais une barre partant des chiffres posés d'abord et se prolongeant autant qu'il y a de notes, indique que l'accord est toujours le même. Exemple :

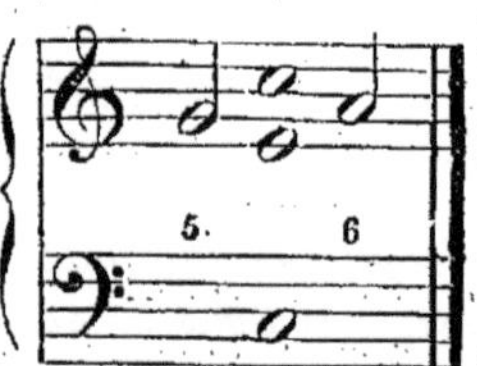

D. Quand une note de basse fait partie de deux accords différens, comment chiffre-t-on cette note?

R. On met à côté l'un de l'autre les chiffres représentant ces accords. Exemple :

§ 66. *D.* Y a-t-il, quand les accords se succèdent, quelques-unes de leurs notes qui aient des marches forcées, c'est-à-dire qui soient obligées de monter ou de descendre?

R. Oui, et ces obligations se trouvent toujours à la *résolution* d'un *dissonant* sur un accord *consonnant*.

D. Qu'appelez-vous *résolution ?*

R. J'appelle ainsi la chute d'un accord sur son voisin.

D. Et qu'appelez-vous accord *consonnant* et accord *dissonant ?*

R. On appelle accords consonnans ceux dont l'ensemble flatte l'oreille, tels que l'*accord parfait* et plus particulière- ment les accords de deux notes formant des intervalles de *tierces, sixtes, quintes* et *octaves.*

Les accords dissonans sont ceux dont l'ensemble est moins agréable à l'oreille et qui laissent désirer plus de douceur, tels que les accords de *septième dominante, neuvième majeure et mineure de la dominante, septième sensible, septième diminuée*, enfin tous ceux qui dans leurs renversemens produisent des intervalles conjoints.

D. A qui doit-on la découverte des accords dissonans ?

R. A ce même Monteverde, déjà cité.

D. Quelles sont donc les notes qui dans ces accords sont obligées de monter ou de descendre ?

R. La sous-dominante et la sus-dominante qui composent les accords de septième et de neuvième, étant des dis- sonances, puisqu'elles forment, dans les renversemens de ces accords, des intervalles conjoints, doivent toujours descendre d'une seconde majeure ou mineure ; la sensible, qui à l'oreille produit l'effet d'un dièse, doit toujours monter d'une seconde mineure.

(Les barres indiquent les notes sur lesquelles les dissonances et la sensible doivent se résoudre).

Exemples :

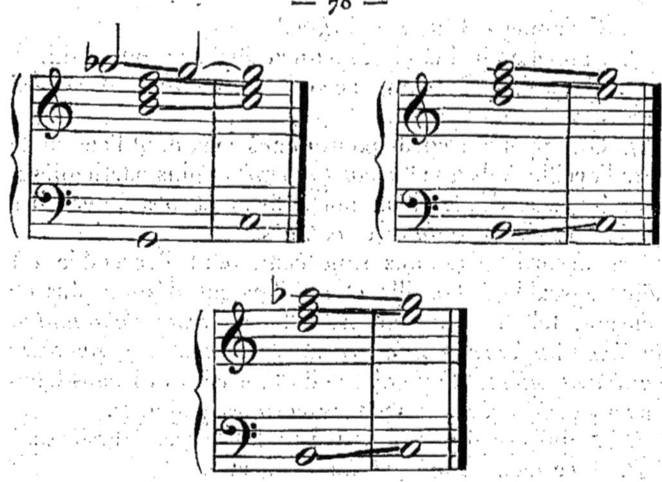

§ 67. *D.* Pourriez-vous m'indiquer comment les ac-cords s'enchaînent entre eux?

R. Oui, en vous donnant l'emploi de chacun d'eux.

Exemples :

Emploi des accords parfaits.

Emploi de l'accord de septième dominante.

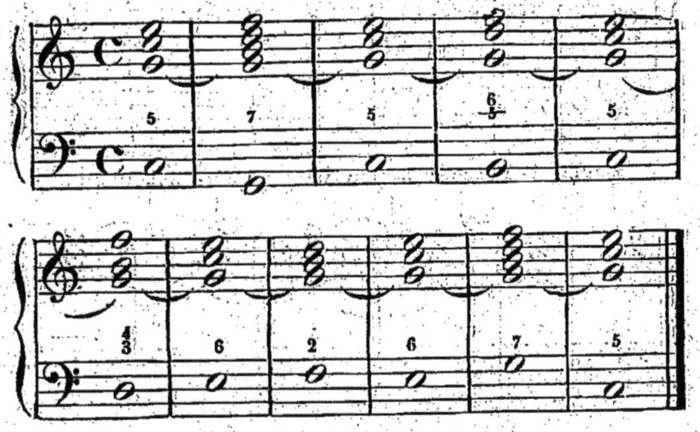

Emploi de l'accord de septième sensible.

Emploi de l'accord de septième diminuée.

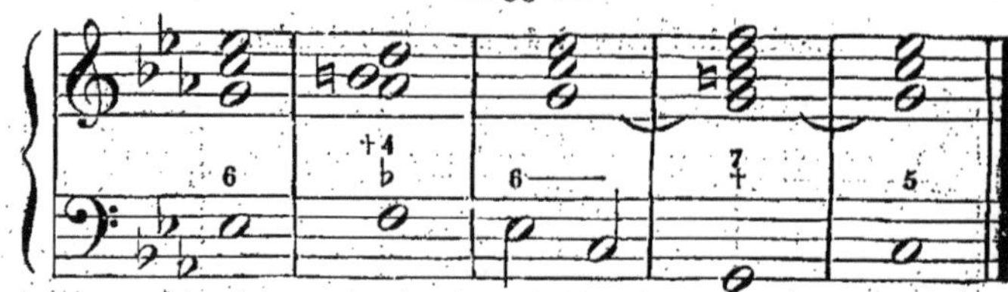

Emploi de l'accord de neuvième majeure dominante.

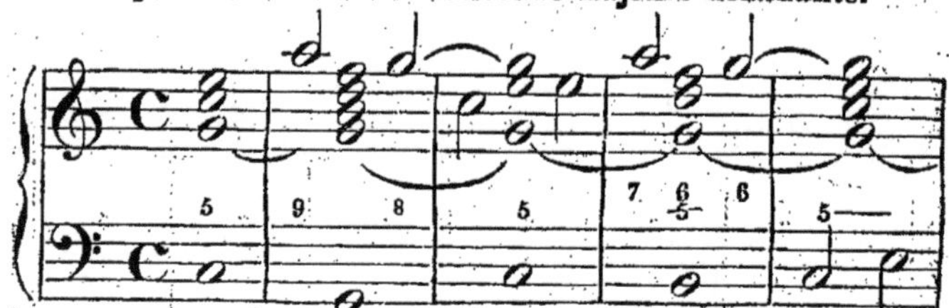

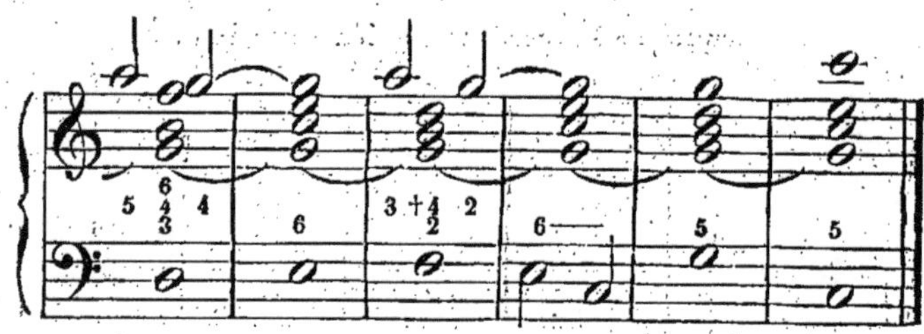

Emploi de l'accord de neuvième mineure dominante.

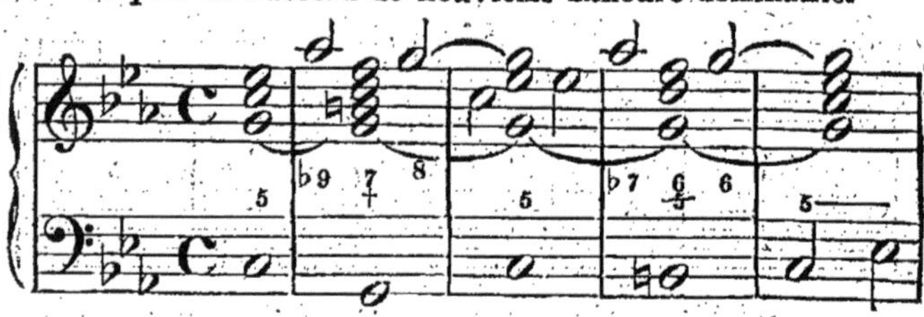

§ 68. *D.* Y a-t-il des accords dans lesquels se trouvent des notes faisant leurs résolutions contrairement à celles indiquées par les signes altératifs qui les affectent, et à celles demandées par l'oreille?

R. Oui, et ces notes se trouvent dans les accords de *neuvième majeure* et *neuvième mineure de second degré.*

D. Quels sont les accords que vous appelez ainsi?

R. Ce sont ceux qui ont le second degré de la gamme pour note fondamentale : ainsi, dans le ton d'*ut,* ces accords sont composés des notes *ré, fa* ♯*, la, ut, mi* ♮ pour celui de neuvième majeure, et *mi* ♭ pour celui de neuvième mineure. Exemple :

Accord de la neuvième majeure et mineure du second degré.

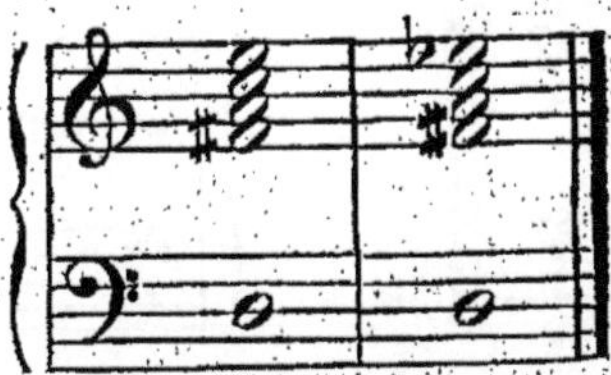

D. Comment ces accords font-ils leurs résolutions?

R. De deux manières, savoir : sur l'accord de la *dominante* ou de la *septième dominante,* et sur celui de la *tonique* dans son *dernier renversement,* c'est-à-dire à la *quinte* et à la *seconde* inférieure. Exemples :

Accord de la neuvième majeure de second degré se résolvant sur celui de la dominante.

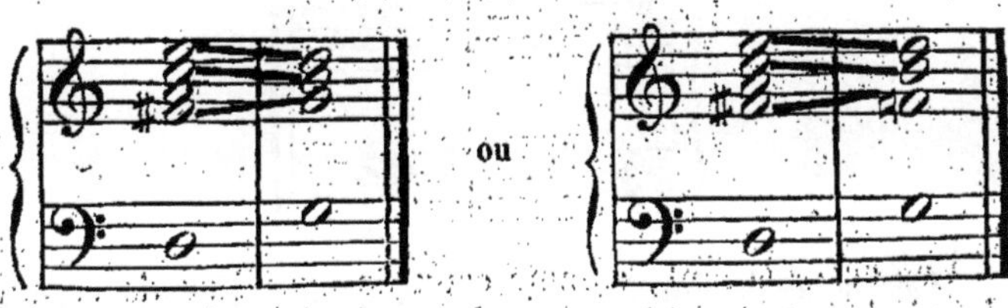

Accord de la neuvième mineure de second degré se résolvant
sur celui de la dominante.

ou

etc.

etc.

Accord de la neuvième majeure   Accord de la neuvième mineure
de second degré se résolvant   de second degré se résolvant
sur celui de la tonique.   sur celui de la tonique.

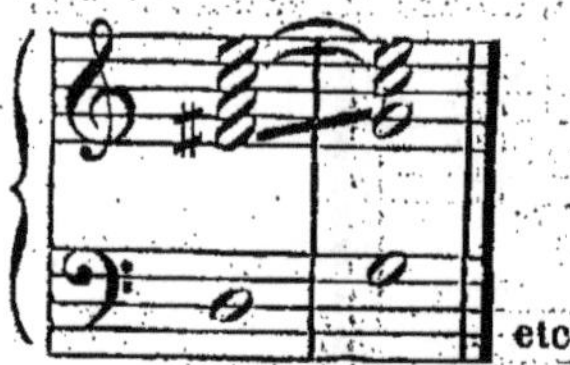

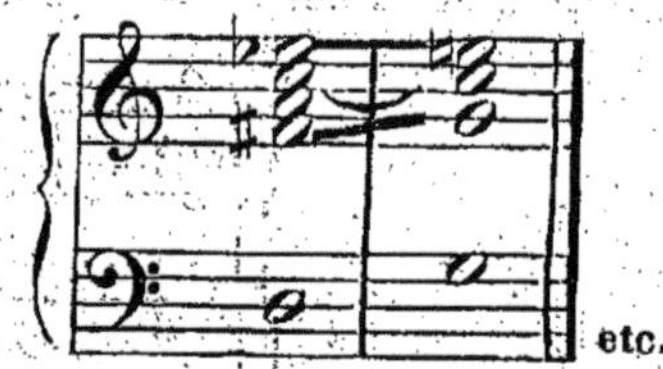

etc.

etc.

§ 69. *D.* Ces accords ne sont-ils pas employés le plus
ordinairement sans note fondamentale?

R. Oui, et alors ils sont considérés comme accords de
septième mineure et *septième diminuée de quatrième
degré.* Exemples :

Accords de septième mineure et de septième diminuée
de quatrième degré.

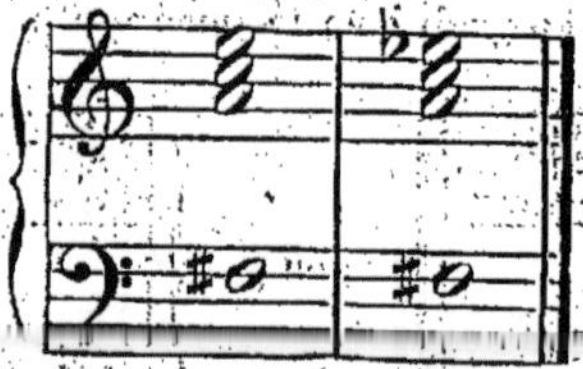

Ces accords font, comme ceux de neuvième de second
degré, leurs résolutions sur l'accord de la dominante, et
sur celui de la tonique dans son dernier renversement.
Cette dernière résolution surprend et étonne toujours

l'oreille; cependant, quand on en use avec modération, elle produit un bon effet.

D. L'accord de septième diminuée de quatrième degré ne s'emploie-t-il pas aussi avec *tierce diminuée?*

R. Oui, mais dans ce cas il fait sa résolution sur l'accord de la tonique, et il doit être dans son premier renversement. Exemple :

Accord de septième diminuée de quatrième degré avec tierce diminuée, dans son premier renversement, se résolvant sur celui de la tonique.

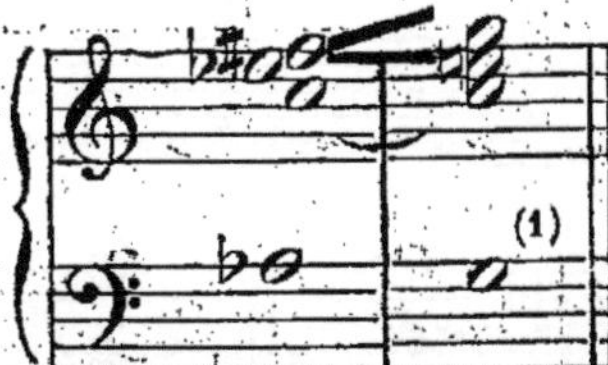

§ 70. *D.* Les notes doivent-elles toujours faire partie des accords qui sont frappés en même temps qu'elles?

R. Non, mais dans ce cas on dit : *retard, anticipation, prolongation* ou *pédale.* (Cette dénomination du son prolongé vient de ce qu'à l'orgue le son soutenu se fait avec la pédale). Ainsi on dit : *retard,* quand la note faisait partie de l'accord précédent; *anticipation,* quand la note doit faire partie de l'accord qui suit; et *pédale,* quand la note se prolongeant un certain nombre de mesures, on fait entendre avec elle des accords qui lui sont entièrement étrangers. Cependant de temps à autre elle doit faire partie de ces accords, et sa prolongation doit se terminer à la cadence où cette note, dans le cas contraire, devrait faire partie de l'accord formant la cadence. Il y a trois pédales qui sont la pédale inférieure, la pédale intérieure, et la pédale supérieure; elles ne peuvent se faire que sur la tonique ou la pédale dominante, et ces notes, en commençant et en finissant, doivent toujours être notes fonda-

(1) Cet accord s'appelle aussi *accord* de *grande sixte* ou de *sixte augmentée.*

mentales des accords ; c'est-à-dire que ces accords premiers et derniers doivent être dans leur état direct. Exemples :

Pédales inférieures.

Sur la tonique.

Sur la dominante.

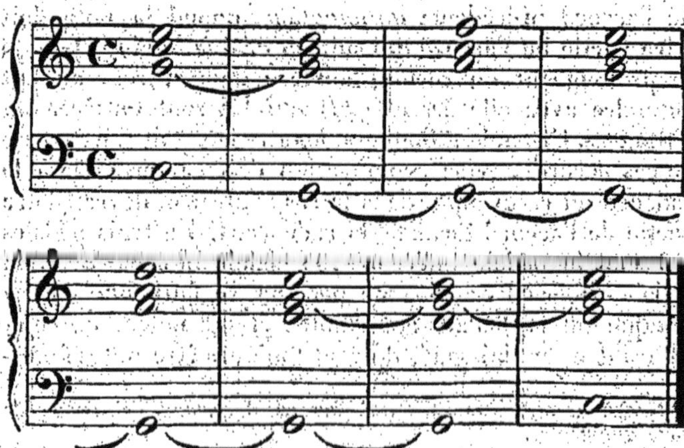

Pédales intérieures.

Sur la tonique.

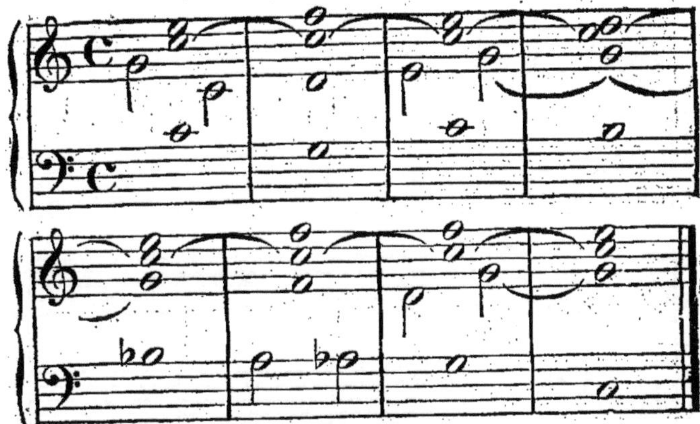

Sur la dominante.

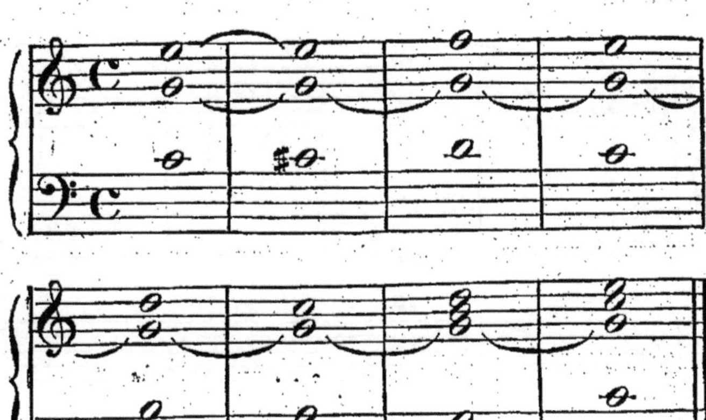

Pédales supérieures.

Sur la tonique.

Sur la dominante.

Anticipation.

Retard.

D. Le retard ne forme-t-il pas des accords autres que ceux que nous avons rencontrés?

R. Oui, par exemple le retard de la tierce par la quarte donne l'accord de quinte et quarte; le retard de l'octave par la neuvième forme l'accord de neuvième et quinte, etc. Exemple :

Retard de la troisième par la quarte.   **Retard de l'octave par la neuvième.**

§ 71. D. Dans le paragraphe ci-dessus, vous avez dit que la pédale devait faire partie de l'accord formant la cadence, qu'appelez-vous donc *cadence?*

R. On appelle ainsi la terminaison d'un sens ou d'une phrase musicale.

D. Combien y en a-t-il?

R. Deux principales, savoir : la cadence sur la *tonique* qu'on nomme *cadence parfaite*, et la cadence sur la *dominante*, laquelle s'appelle *cadence de repos*.

D. Comment se font-elles?

R. La cadence parfaite se fait par la résolution de l'accord de la dominante ou de la septième dominante sur l'accord majeur ou mineur de la tonique : cette cadence est *finale*. La résolution de l'accord de la sensible ou de la septième diminuée est aussi cadence parfaite, mais étant moins *terminative* elle ne s'emploie que rarement comme cadence finale. Ces accords doivent toujours être dans leur état direct. Exemple :

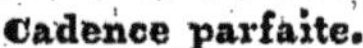

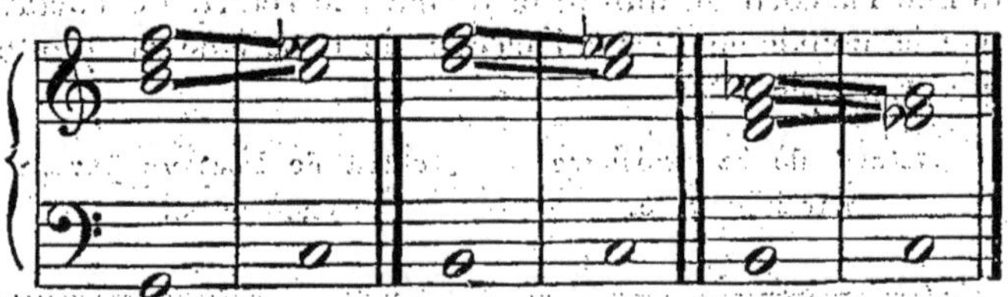

La *cadence de la dominante* se fait par la résolution de l'accord majeur ou mineur de la tonique, ou de tout autre accord, sur celui de la dominante. Exemple :

D. La *cadence parfaite* doit-elle toujours être faite lorsqu'elle se présente?

R. Non, elle peut être *évitée*, *interrompue*, ou *rompue*.

D. Qu'appelle-t-on *cadence parfaite évitée?*

R. On appelle ainsi la résolution de l'accord de la septième dominante sur l'accord de la tonique auquel on ajoute une tierce mineure, ce qui fait un nouvel accord de septième dominante. Exemple :

Cadence parfaite évitée.

D. Qu'appelez-vous *cadence parfaite interrompue?*

R. On appelle ainsi la résolution de l'accord de la septième dominante sur le second renversement de l'accord parfait majeur du troisième degré auquel on ajoute une tierce mineure; ce qui fait encore un nouvel accord de septième dominante. Exemple :

Cadence parfaite interrompue.

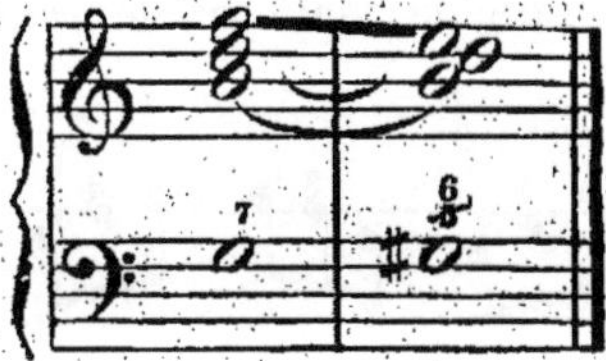

D. Qu'appelez-vous *cadence parfaite rompue?*

R. On appelle cadence parfaite rompue la résolution de l'accord de la septième dominante sur l'accord parfait mineur du sixième degré sans renversement. Exemple :

12

Cadence parfaite rompue.

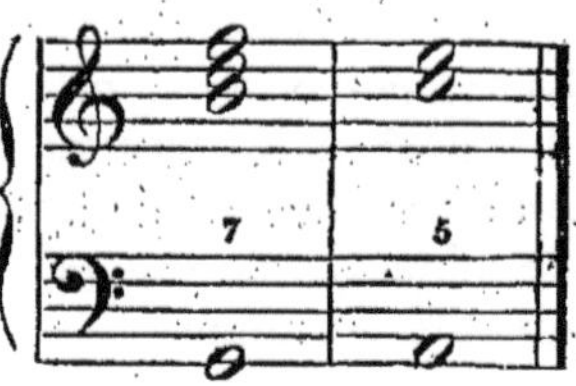

§ 72. *D.* Comment appelle-t-on les accords quand, dans l'exécution, les notes qui les composent sont frappées toutes ensemble?

R. Cela s'appelle faire des accords *plaqués.*

D. Et quand les notes sont frappées alternativement?

R. Cette exécution s'appelle *arpéger.* Exemples :

Accords plaqués.   **Les mêmes arpégés.**

D. Quand on doit faire plusieurs arpéges de suite et du même dessin, doit-on les écrire tous?

R. On peut s'en dispenser en écrivant seulement le premier et en représentant les autres par des accords au-dessus desquels on met le mot *arpége* ou son abrégé *arp.;* ce qui indique la manière de rendre ces accords. Exemple :

D. Si on devait faire plusieurs arpéges sur le même accord, devrait-on les écrire tous?

R. Non, on peut écrire le premier et représenter les autres par des barres inclinées de droite à gauche, qu'on appelle *barres d'abréviation.* Ces barres doivent aussi représenter le mouvement de ces arpéges, c'est-à-dire que

s'ils sont faits en croches, l'abréviation de chacun d'eux
doit être une seule barre; s'ils sont faits en doubles-
croches, l'abréviation de chacun d'eux doit être deux
barres, etc. Exemple :

D. Quand, en arpégeant, on soutient les notes de l'accord, comment appelle-t-on cette exécution?

R. Elle se nomme *acciacatura*. Cette manière de rendre
l'accord s'indique en écrivant en petites notes et dans
leur ordre successif toutes les notes de l'accord et ensuite
l'accord lui-même, lequel doit être lié avec les petites notes.
Souvent on l'indique par un zig-zag perpendiculaire qu'on
met avant l'accord. Exemple :

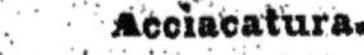

§ 73. *D.* Est-il indifférent de faire ces accords toujours
fort ou toujours doux?

R. Non, il est des circonstances dans lesquelles il faut
les attaquer avec force, et d'autres avec douceur.

D. Comment s'appelle l'action d'opposer ainsi la force
à la douceur?

R. Elle s'appelle *nuancer la musique*, lui donner de
l'*expression*, de la *vie*, de la *couleur*. Cette opposition se
rencontre plus souvent à la *mélodie* qu'à l'*harmonie* (1).

D. Comment s'indiquent ces nuances?

R. Par des termes italiens qui se mettent partout où
leur présence est utile.

D. Qui le premier employa ces termes, ou du moins
les principaux?

(1) On appelle mélodie une succession de sons agréables à l'oreille,
et harmonie les accords qui l'accompagnent, c'est-à-dire qui se trouvent
sous elle pour être exécutés en même temps.

R. Ce fut Dominique Mazzochi, musicien de l'école romaine, qui vivait vers 1638.

D. Quels sont ces termes?

R. Attendu qu'il serait difficile de les indiquer tous, je me contenterai de donner ceux qui se rencontrent le plus ordinairement et qui sont généralement adoptés.

Indication des nuances.

TERMES ITALIENS.	SIGNIFICATIONS.
Mezzo forte.	A demi-fort.
Mezzo voce.	A demi-voix.
Piano ou *dolce.*	Doux. Se marque par *p* ou *dol.*
Pianissimo.	Très-doux. Se marque par *pp.*
Crescendo.	Augmentez le son peu à peu. Se marque par *cres* --- et souvent par $<$.
Decrescendo.	Diminuez le son peu à peu. Se marque par *decres* --- et souvent par $>$. Quand les deux signes sont ainsi $<>$ réunis ils indiquent qu'il faut augmenter le son et le diminuer ensuite.
Rinforzando.	Renforcez le son.
Smorzando.	En mourant.
Legato.	Toujours liées.
Forte.	Fort. Se marque par *F.*
Fortissimo.	Très-fort. Se marque par *FF.*

TERMES N'INDIQUANT NI MOUVEMENT NI NUANCE.

Solo.	Seul.
Tutti.	Tous ensemble.
Arpeggio.	Arpége.
Pizzicato.	Pincer les cordes.
Col arco.	Avec l'archet.
Volti subito.	Tournez de suite.
Da capo (1).	Retournez au commencement du morceau.

(1) Introduit dans la musique par Alexandre Scarlatti, en 1695.

Chiamata. Guidon, lequel se marque ainsi ‿, et se met à la fin de la portée sur la ligne que doit occuper la note qui commence la portée suivante. Ce signe n'est plus usité.

Al segno 𝄋. Renvoi. Il indique qu'il faut retourner au signe semblable que vous aurez rencontré le premier. Il se met souvent à une fin de reprise.

§ 74. *D.* Qu'appelez-vous *reprise ?*

R. On appelle ainsi un certain nombre de mesures terminées par ces deux barres ‖, qu'on appelle *barres de reprise.* Quand ces deux barres sont précédées de deux points (:‖) il faut recommencer ce qui précède : quand les points sont devant et derrière les barres (:‖:) il faut recommencer ce qui précède et ce qui suit.

[illegible]
[illegible]
[illegible]
[illegible]
[illegible]
[illegible]
[illegible]
[illegible]
[illegible]

[illegible]
[illegible]
[illegible]
[illegible]
[illegible]
[illegible]
[illegible]

NOTES JUSTIFICATIVES.

§ 2, page 1. — Origine de la musique et de la restauration de cet art.

Malgré les citations de De la Borde (Essais sur la musique), de Stafford (Histoire de la musique), et les passages de la Bible, cette partie de l'Histoire de la musique est très-obscure et ne nous offre aucun appui; tout ce qui a été écrit sur ce sujet est fort conjectural. Le père Amiot pense que le premier musicien chinois, appelé Fo-hi, n'était autre que Noé; que cet art, qui était loin d'être ce que nous le voyons aujourd'hui, avait été importé en Chine par les premières migrations parties de l'Indoustan, et que des Chinois, il serait arrivé jusqu'à nous, en passant par les Égyptiens, les Grecs et les Romains.

Voir les auteurs ci-dessus; — Fétis (Résumé philosophique de l'Histoire de la musique); — Choron (Sommaire de l'Histoire de la musique); — Adrien de Lafage (Encyclopédie musicale); — la Revue musicale, 1850, 4ᵉ volume; — et la Bible, chapitre IV, de la Genèse.

§ 5, page 2. — Noms des sons.

Pour ce qui concerne Guido on ne peut consulter De la Borde, Stafford, Choron, Adrien de Lafage, ni Mathieu de Versailles : ces auteurs ont partagé l'erreur commune; mais on peut voir Fétis dans son Résumé philosophique. Je dois à l'extrême obligeance de M. Bottée de Toulmont, bibliothécaire du Conservatoire de Paris, d'avoir pu consulter les manuscrits de Guido et autres dont je parlerai en temps et lieu. Guido ne se donne pas comme inventeur des noms des sons, seulement il dit dans ses écrits, qu'il indiqua l'hymne de saint Jean afin de pouvoir mieux retenir la succession des sons, et, par ce moyen, rendre plus facile l'étude de la solmisation. Mais on ne peut disconvenir que c'est à Guido qu'on doit que ses continuateurs aient conservé ou donné, comme noms des sons, les syllabes tirées de l'hymne de saint Jean.

Sur la nomination du septième son les historiens nommés ci-dessus sont parfaitement d'accord entre eux et citent Lemaire comme lui ayant donné le nom de *si*.

Pour ce qui est du système de saint Grégoire, quoique attesté par les auteurs ci-dessus, il paraît qu'avant lui l'indication des sons par lettres alphabétiques était en usage; mais ces lettres étaient en grand nombre. (*voir* Boëce). On attribue à saint Grégoire d'avoir réduit ce nombre à sept. Cependant j'ai vu un *fac-simile* du manuscrit de saint Grégoire, par lui déposé sur l'autel du Vatican, où il n'est nullement question de ce système. De plus, j'y ai remarqué des caractères ayant quelques rapprochemens avec les nôtres. Si le système qu'on lui attribue est réellement de lui, il en est alors fait mention dans un autre ouvrage.

§ 6, page 3. — PORTÉE MUSICALE.

Voir la Biographie de Guido et les historiens cités.

J'ai vu dans ses manuscrits qu'il se servait, selon le besoin, d'une, de deux, de trois, de quatre, et jusqu'à cinq lignes ; ce qui fait croire que de son temps le nombre de lignes n'était pas encore bien fixé.

§ 7, page 3. — NOTATION.

Voir Fétis, page 164 ; — Choron et les Biographies d'Hugbalde.

J'ai vu dans les ouvrages de ce dernier que cette notation n'était autre que les lettres alphabétiques retournées sur tous les sens.

§ 8, page 3. — CLEFS.

Stafford, page 191.

Les ouvrages de Guido en font foi.

§ 12, page 9. — NOM DE LA GAMME.

Voyez Choron ; — Fétis, page 168.

Guido n'en parle dans ses ouvrages que comme le fait des modernes de son époque.

§ 15, page 10. — SIGNES ALTÉRATIFS.

Olympe et Timothée, inventeurs des genres, ont dû nécessairement inventer des signes pour faire usage de ces genres, ou bien encore y suppléer par l'indication et l'emploi de tel ou tel tétracorde, ce qui est toujours un équivalent.

§ 17, page 12. — DEMI-TONS.

Voyez les Biographies de Pythagore et d'Aristoxène ; — Fétis, page 98 ; — et ma Classification des demi-tons.

§ 21, page 15. — GENRES.

Voir Boëce ; — Zarlin ; — Burette, etc ; Stafford, pages 125-142 ; — Fétis, page 95 ; — Perne, Revue musicale, 1829, page 219 ; 1830, 4ᵉ volume, page 347 ; — les Biographies d'Olympe et de Timothée ; — pour Scarlatti, *voyez* Fétis, page 246.

§ 24, page 17. — INTERVALLE MAXIME. — INTERVALLE MINIME.

Je donne des exemples des intervalles maxime et minime, qui ne sont en grande partie que des intervalles de raisonnement, afin que l'élève puisse mieux se convaincre de l'impossibilité de l'admission du plus grand nombre dans l'harmonie, et se mettre en garde contre l'erreur grave dans laquelle se sont mis quelques auteurs.

§ 24, page 17. — Quartes et quintes majeures et mineures.

J'ai mis les quartes et quintes au nombre des intervalles majeurs et mineurs, parce que cette manière d'opérer m'a paru plus dans le vrai, et, de plus, elle a été adoptée principalement par MM. Fétis, Pastou, Willem, etc.

§ 29, page 25. — La sensible.

Fétis, page 221.

§ 51, page 26. — Modes.

Voir la Biographie de Monteverde ; — Stafford, page 204 ; — Fétis, page 221 ; — De la Borde ; — Choron ; — De Lafage, page 27, etc.

§ 41, page 37. — Modulation.

Voir, relativement à Monteverde, les auteurs indiqués ci-dessus.

J'ai consulté des manuscrits antérieurs à Monteverde, j'y ai trouvé des traces de modulations, mais moins senties et surtout moins hardies que celles introduites par Monteverde.

§ 46, page 44. — Valeurs de notes ou valeurs de temps.

Voir la Biographie de Francon ; — Stafford, page 519 ; — Fétis, pages 177-199-224 ; De Lafage ; — Choron, etc.

Avant Francon il existait quelques valeurs, mais c'est à lui qu'on doit leur mise en ordre et l'addition de quelques-unes. Les siècles qui ont suivi les ont mis en nombre et en figure ce qu'elles sont aujourd'hui.

§ 51, page 50. — Rythme.

Voyez Fétis, page 225.

Dans une messe manuscrite, qui se trouve entre les mains de M. Bottée de Toulmont, et écrite antérieurement à l'époque de Monteverde, j'ai trouvé l'indication d'un rythme mélodique très-prononcé. Sans doute que M. Fétis, dans son Résumé philosophique, a voulu parler du rythme régulier dans les dessins d'accompagnement qui, aujourd'hui, joue un si grand rôle dans l'instrumentation.

§ 53, page 53. — Barres de mesures.

Voyez Choron ; — De Lafage, tome II, page 24.

§ 56, page 56. — Des mesures.

Voyez les auteurs indiqués ci-dessus, concernant Francon.

§ 57, page 58. — Syncope.

Voyez Fétis, page 197.

13

§ 60, page 59. — AGRÉMENS DU CHANT.

Voyez Fétis, page 187.

On attribue à Guidotti, de Bologne, d'avoir le premier enseigné la manière d'exécuter le trille, le groupe, etc. *Voir* la Revue musicale, 1830, tome II, page 385.

§ 62, page 66. — ACCORD DE QUINTE MINEURE.

L'admission de l'accord de la sensible, comme accord de quinte mineure, est la conséquence de ce qui a été fait et dit au § 24.

§ 62, page 66. — BASSE FONDAMENTALE et BASSE CONTINUE.

Voir les Biographies de Rameau et de Viadana; — Fétis; — De Lafage; — la Revue musicale, 1828, 2e volume, page 13, etc.

§ 64, page 72. — BASSE CHIFFRÉE.

Voir la Biographie de Guidotti; — Fétis, page 228.

§ 65, page 72. — ACCORDS CHIFFRÉS.

Pour chiffrer les accords j'ai indiqué la manière que j'ai adoptée, dont on voit des exemples dans Cherubini, Reicha, et que l'on trouve en entier dans Denis Weber et Jelensperger.

§ 66, page 76. — ACCORDS DISSONANS.

Monteverbe. *Voir* les auteurs indiqués ci-dessus § 51.

§ 73, page 91. — NUANCER. — TERMES ITALIENS.

Voyez la Biographie de Mazzochi (Dominique); — la Revue musicale, 1830, tome II, page 385; — Stafford, page 211.

§ 73, page 91. — DA CAPO.

Scarlatti. *Voyez* Stafford, page 213.

FIN DE LA TABLE

9 782019 991630